群星
GREAT
TALENTS

罗澍伟 主编

阅读天津
HOW TO READ TIANJIN

# 孙犁

张莉 著

天津出版传媒集团

百花文艺出版社

天津出版传媒集团
百花文艺出版社

图书在版编目（CIP）数据

孙犁 : 荷花沁文韵 / 张莉著 . -- 天津 : 百花文艺
出版社 , 2024.1
（阅读天津 / 罗澍伟主编 . 群星）
ISBN 978-7-5306-8530-3

Ⅰ . ①孙… Ⅱ . ①张… Ⅲ . ①孙犁（1913-2002）-
传记 Ⅳ . ① K825.6

中国国家版本馆 CIP 数据核字 (2023) 第 233532 号

# 孙犁 : 荷花沁文韵
## SUN LI: HEHUA QIN WENYUN

出　　版　　百花文艺出版社
出 版 人　　薛印胜
地　　址　　天津市和平区西康路 35 号
邮购电话　　（022）23332478

策　　划　　纪秀荣　汪惠仁　刘　洁
责任编辑　　刘　洁
装帧设计　　世纪坐标　明轩文化
美术编辑　　丁莘苨　汤　磊

印　　刷　　天津海顺印业包装有限公司
经　　销　　新华书店
开　　本　　787 毫米 ×1092 毫米 1/32
印　　张　　5.75
字　　数　　80 千字
版次印次　　2024 年 1 月第 1 版　2024 年 1 月第 1 次印刷
定　　价　　45.00 元

HOW TO READ TIANJIN

GREAT TALENTS

# 主编的话

罗澍伟

　　天津，群星璀璨，人才辈出，他们用炽热的生命，书写了这座城市的骄傲与自豪。

　　天津是中国北方最早和最大的沿海开放城市，惟其"早"，在中西文明的碰撞中，引领了潮流和时尚；惟其"大"，海河五大支流在此汇聚入海，滋养了这片培育精英的沃土。百余年来，这里涌现了一批打破时空维度，精神属于中国、才华属于世界的大师级人物。

　　"阅读天津"系列口袋书第二辑"群星"，恰似一幅近代天津历史与文化的人物画卷，读者可以从哲学、译学、新闻、实业、科学、文学、艺术等不同视角，品读这座城市，其中包括：

被赞为"中国西学第一者"的维新思想家严复，被誉为"世界第一之博学家"、著述等身的梁启超，"为酬素志育英才"的教育家张伯苓，"二十文章惊海内"的弘一法师李叔同，"化私为公"的实业家、藏书家周叔弢，"学识以强国、仁爱以育后"的化学家杨石先，一代话剧宗师、中国话剧奠基人曹禺，为数学研究鞠躬尽瘁的"整体微分几何之父"陈省身，"荷花淀派"创始人、"有风格的作家"孙犁，"江湖笑面写传奇"的相声表演艺术家马三立。

纵观他们的一生，有家国的高度，有民族的厚度，有地域的广度。他们把巅峰岁月中的生命磨砺之美，无保留地献给了天津。他们为实现中华民族伟大复兴做出奉献，用担当诠释大义。他们活出了自己的精彩，而且能够跨越时代，触动今人的心灵。他们的精神，穿透城市的晨雾与暮霭，有了他们，这座城市才有了完整的生命。

如今，时过境迁，斯人已去，但他们从未隐入历史的烟尘。他们在天津亲历了近现代中国的历史进程，奏响了人生的跌宕音符与精彩华章。他们的生命，早已融入天津的血脉，成为这座历史文化名城百年成长的标志与象征。

他们的人生，也留下了许多值得回味、令人深思的启迪：对一个人来说，重要的不是生命的长度，而是留在他人心目中的高度。

每个人都有灵性，每个人的生命之旅都是一个不断发现的过程，也是不断觉醒的过程。每个人的身上都蕴藏着改变的力量，才华只是激情与灵感的乍现。大凡找到人生意义的，都是英雄。最好的人生态度，就是发自心灵深处、对社会与生命的感悟；在追索人生深度的同时，找到属于自己的位置——既收获了奋斗的历程，又体验了人生的意义。

天津过往有无数"风流人物"，要使珍藏在时光里的历史切片一一再现，几乎是不可能的。"便将万管玲珑笔，难写瞿塘两岸山。"

在新的历史起点上，让我们奋力追赶历史上的"群星"吧！用海阔天空的想象力、迎难而上的践行力，拥抱更高更远的未来，为实现中华民族伟大复兴不懈奋斗！

（主编系著名历史文化学者、天津市社会科学院研究员、天津市文史研究馆馆员）

HOW TO READ TIANJIN · GREAT TALENTS

# 一个人与一座城

　　孙犁1913年出生于河北省安平县孙遥城村（旧称东辽城村），用他自传里的话来说，那是一个很偏僻的小村庄。1924年，他跟随父亲在附近的安国县城（今安国市）内上高级小学，开始接触五四新文学作品。1926年，他考入保定育德中学，在初中读书时期，他在校刊《育德月刊》上发表作品，其中有短篇小说和独幕剧。高中的时候，他阅读了当时正在流行的文学作品，主要是鲁迅和曹靖华翻译的新文学作品，同时也对文艺理论产生了兴趣。高中毕业后，他在北平流浪了一段时间。

　　1936年暑假，孙犁到安新县同口镇小学教书，做六年级级任和国文教员。这是他人生的重要关口。在这个学校，他开始从上海邮购革命文艺书刊继续学习，并初步对白洋淀一带人民群众的生活有所了解。1937年冬天，孙犁开始参加抗日工作，在冀中区，他编辑并出版了一本革命诗人的诗抄《海燕之歌》。在《红星》杂志上，他发表了长篇论文《现实主义文学论》，在《冀中导报》的副刊上发表了《鲁迅论》。1938年秋天，他在冀中军区办的抗战学院当教官，教抗战文艺和中国近代革命史。

1939年，孙犁调到晋察冀边区所在地阜平，在刚刚成立的晋察冀通讯社工作，编写了一本供通讯员阅读的小册子《论通讯员及通讯写作诸问题》，铅印出版。他编辑了油印刊物《文艺通讯》，这是晋察冀边区最早的文艺刊物。在那里，他发表了《一天的工作》和《识字班》等作品。此后，孙犁在晋察冀文联、《晋察冀日报》、华北联大做过编辑和教员，同时进行文学创作。

1941年，孙犁回冀中区，在那里帮助编辑了《冀中一日》，并将编辑心得写成了《区村和连队的文学写作课本》，即后来的《文艺学习》。1944年他去延安，在鲁迅艺术文学院工作和学习。在延安，他发表了《荷花淀》《芦花荡》《麦收》等作品。1945年日本投降，孙犁回到冀中，下乡从事写作，参加土地改革工作，他写了《钟》《碑》《嘱咐》等短篇小说和一些散文。

1949年1月15日，天津解放。三十六岁的孙犁跟随解放大军进入天津城。1月16日，他和方纪一起，从胜芳出发走西沽进入天津城内。走了五个多小时，来到天津日报社。由此，他开始了《天津日报》编辑的身份，也开始了他的天津生活。

孙犁是新生天津的见证者之一，也是新的天津文学的奠基者之一。

天津当代文学的开始，正是1949年以来，从随着天津解放进城的作家群体那里开始的。当时这些作家，主要以孙犁、梁斌、王林、鲁藜、方纪、袁静、孙振（雪克）、柳溪、杨润身等来自解放区的作家为代表。这些作家有共同的解放区工作生活经历，作品里携带着红色基因。他们都不是天津土著而是来自全国各地，但最后跟随解放大军进入天津，并在这里安家落户。在他们的文学作品里，没有明显的天津城市气息，主要书写曾经的革命生涯、乡村生活，书写革命史和红色传统，他们共同开拓了天津文学的红色血脉和红色传统。

孙犁喜欢把自己来到天津称为"进城"，进城一度使他兴奋，他满怀热情地思考自己与这座城市之间的关系，写下了《津门小集》以及关于工厂文艺的思考文字，记下了新中国成立初期天津工人和农民的生活风貌。但是，进城也使孙犁想念解放区人与人之间的情谊，使他怀想解放区的生活与历史风云。某种程度上，进城以及进城所引发的思念促发了孙犁的写作，在多伦道216号的大院里，孙犁完成了

《风云初记》《村歌》以及《铁木前传》。母亲、妻子、孩子都来到身边，他的生活越来越安稳，有了安静写作的书桌。进城后的七八年时间，他下乡调研、体验生活的经历，都激发了他的创作灵感。

1956—1976年，孙犁因为身体不好，中断了写作。二十年间，他大量阅读古籍，成为一位"嗜古籍者"。正是这种对古籍的热爱，使他的写作风格开始发生深刻的变化。孙犁的写作，由清新、隽永转为冷峻、苍劲、古朴、有力。1978年后，他重新拿起笔写作，写下了《芸斋小说》《乡里旧闻》。他使用笔记体写作，散文越发有古朴之意。人们惊讶地发现，在文学史上，"另一个孙犁"诞生了。

当然，他也完成了作为文学批评家的工作，扶持青年作家的写作。他以《天津日报·文艺周刊》（后简称《文艺周刊》）为阵地，扶持了众多的青年作家，这些作家包括刘绍棠、从维熙、韩映山，文学史上甚至把这些有着共同审美追求的作家统称为"荷花淀派"。孙犁喜欢把《文艺周刊》称为"苗圃"，而孙犁无疑便是园丁了。新时期以来，孙犁为诸多青年作家写过评论，与他们通信，他的鼓励对铁凝、贾平凹、莫言等作家的成长都有着重要的扶持作用。在天津，孙犁为

中国文学的发展做出了重要的贡献。

对于孙犁而言，天津意味着什么？意味着这里是他的工作、生活之地，1949—2002年，孙犁在这里生活了五十四年。在天津，他完成了他最重要的文学作品和文学生活，成了享誉全国的重要作家；对于当代文坛而言，天津是孙犁所在的城市——孙犁早已是天津不可分割的一部分。

对于天津而言，孙犁的名字已经是这座城市的名片。他是新天津作家群的代表，他和当年进城的解放区作家们一起，共同成为新天津文学的奠基人和开拓者，他们以一大批优秀作品共同组成了天津红色文学的源头。

如果孙犁活着，他已经一百一十岁了，距他离开我们，也已经过去了二十一年。但是，人们一直没有忘记他，他的文字一直被无数读者传诵。今天，当我们想到天津这座城市，我们自然会想到孙犁，一如我们想到孙犁，也会想到他在天津的生活。孙犁以他独特的文学风格和文学史地位，使自己和一座城的文学根脉血肉相连。

张　莉

2023年8月

目录
CONTENTS

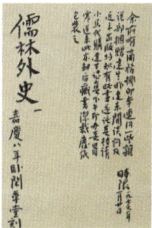

# 01

《荷花淀》：
荷花荷叶总关情

她有时望望淀里，淀里也是一片银白世界。水面笼起一层薄薄透明的雾，风吹过来，带着新鲜的荷叶荷花香。

——孙犁《荷花淀》

那是绿色的芦苇，一望无际。风吹过来，犹如绿色的波浪。大片大片的芦苇之间，是沉静的水，它们在阳光下泛着银光。如果是七八月间，你将看到荷花盛开。碧绿的荷叶间突然开出粉红色的花朵，鲜明纯净，如梦一般。有渔船从水面上倏忽划过，渔夫们通常戴着帽子，有时候你还会看到半大孩子跃到水中，像鱼儿一样，再出头时，已游出好远。

这是白洋淀最日常的风光，它们仿佛从大淀出现就一直在，一直这么过了很多年。八十多年前，这里有许多关于抗战的传说，但只是人们口耳相传。直到有一天，有一篇名为

东辽城村景

3

《荷花淀》的文章发表。自此，中国文学的版图上，多了一块名为"荷花淀"的地方，那里风光秀丽、人民勇毅；自此，那里成为著名的文学地标，它永远与一位名叫孙犁的小说家紧密相关。

1936 年，二十三岁的孙犁离开家乡安平，在白洋淀教书。1938 年，二十五岁的他正式参加抗日，离开白洋淀。但那里的生活让他难以忘怀。1939 年，在太行山深处的行军途中，孙犁将白洋淀记忆诉至笔端，写成长篇叙事诗《白洋淀之曲》。它与孙犁后来的代表作《荷花淀》有千丝万缕的联系，甚至可以说前者是后者的"胚胎"。诗的故事发生在白洋淀，女主人公叫菱姑，丈夫则叫水生。他们和《荷花淀》中的年轻夫妻一样恩爱，但命运大不相同。全诗分为三部分，第一部分是菱姑得知水生在抗击日本侵略者的战斗中受伤，她跳上冰床去探望。但是，水生牺牲了。第二部分写的是送葬。第三部分写菱姑的觉醒，"一股热血冲上她的脸，热情烧蓝她的瞳孔；水生的力量变成了她的力量，扳动枪机就握住了活的水生……热恋活的水生，菱姑贪馋着战斗；枪声一响，她的眼睛就又恢复了光亮"①。

完成《白洋淀之曲》那一年，孙犁二十六岁。他热情洋溢，

---

① 孙犁：《孙犁文集》（补订版），百花文艺出版社，2013 年。如无特别注释，本书引用孙犁文字均出自《孙犁文集》（补订版）。

但文笔青涩。《白洋淀之曲》并不是成功的诗作，只能说是孙犁对白洋淀生活的尝试写作——白洋淀的生活如此刻骨铭心，那里人民的奋力反抗应该成为我们民族记忆的一部分。可是，怎样用最恰切的艺术手法表现他们的勇敢、爱和恨？一位优秀小说家得有他的语言系统，得有他完整的精神世界，他对生活的理解要有超前性和整体视野，此时年轻的孙犁还未完全做好准备。时隔多年，孙犁在《白洋淀之曲》出版后记中坦言：这首长诗"只能说是分行的散文，诗形式的记事"。在他看来，好诗应该有力量，"号召的力量，感动的力量，启发的力量，或是陶冶的力量"。他自认自己的诗缺乏这些力量，"很难列入当前丰茂的诗作之林"。

1944 年，孙犁来到延安，第二年，他遇到了来自白洋淀的老乡。他们向孙犁讲起了水上雁翎队利用苇塘荷淀打击日寇的战斗故事，孙犁的记忆再次活起来。郭志刚和章无忌在《孙犁传》中这样记录孙犁写下《荷花淀》的那个夜晚："近邻的邵子南还在高谈阔论地不知和谁争论什么，要在平时，孙犁一定要过去听听，也许插上几句，此刻，他却一切都顾不得了，他点起煤油灯，坐上小板凳，把稿纸摊在作为桌子的木铺板上，手里的钢笔在纸上刷刷地疾走着……"

《荷花淀》中的人物依然叫水生，故事依然发生在白洋淀，依然有夫妻情深和女人学习打枪的情节，但两部作品语言、立意、风格迥然相异。题目"白洋淀之曲"改成了"荷花淀"，用"荷花淀"来称呼"白洋淀"显然更鲜活灵动，读者似乎看一眼就能想到那荷花盛开的图景——这个题目是讲究的，借助汉字的象形特征给读者提供了重要的想象空间。

"月亮升起来，院子里凉爽得很，干净得很，白天破好的苇眉子潮润润的，正好编席。女人坐在小院当中，手指上缠绞着柔滑修长的苇眉子。苇眉子又薄又细，在她怀里跳跃着。"小说起笔干净，风景自然是美的，但这美并不是静止呆板的美，重要的是，这美里有人和人的劳作。在诗画般的风光里，小说家荡开一笔，写了白洋淀人民的劳动生活：

要问白洋淀有多少苇地？不知道。每年出多少苇子？不知道。只晓得，每年芦花飘飞苇叶黄的时候，全淀的芦苇收割，垛起垛来，在白洋淀周围的广场上，就成了一条苇子的长城。女人们，在场里院里编着席。编成了多少席？六月里，淀水涨满，有无数的船只，运输银白雪亮的席子出口，不久，各地的城市村庄，就全有了花纹又密、又精致的席子用了。大家争着买：

"好席子，白洋淀席！"

《白洋淀之曲》中的生硬表达消失了，孙犁启用了家常和平静的语调，他使用最普通的汉字和语词，小说简洁、凝练、有节奏感。日常而美的语言和生活的日常安宁相得益彰。但这日常因"丈夫回来晚了"而打破。

水生笑了一下。女人看出他笑得不像平常。

"怎么了，你？"

水生小声说：

"明天我就到大部队上去了。"

女人的手指震动了一下，想是叫苇眉子划破了手，她把一个手指放在嘴里吮了一下。水生说：

"今天县委召集我们开会。假若敌人再在同口安上据点，那和端村就成了一条线，淀里的斗争形势就变了。会上决定成立一个地区队。我第一个举手报了名的。"

女人低着头说：

"你总是很积极的。"

每一个字每一句话都很平常，但传达出来的情感却是深刻的。此时的孙犁，追求意在言外，他追求平淡中有深情。这是日寇来之前的淀里风光："她们轻轻划着船，船两边的水哗，哗，哗。顺手从水里捞上一棵菱角来，菱角还很嫩很小，乳白色。顺手又丢到水里去。那棵菱角就又安安稳稳浮在水面上生长去了。"但片刻的美好瞬间就被日寇打破。"后面大船来得飞快。那明明白白是鬼子！这几个青年妇女咬紧牙制止住心跳，摇橹的手并没有慌，水在两旁大声的哗哗，哗哗，哗哗哗！"

与之前轻划着船"哗，哗，哗"不同，日本人来之后，"水在两旁大声的哗哗，哗哗，哗哗哗！"这"哗"哪里只是象声词？它还是情感和动作，是紧张的气氛，是命悬一线。欢快与思念，热爱与深情，依依不舍与千钧一发，都在《荷花淀》中了。这里的情感是流动变化的。小说的逻辑也是情感的逻辑。情感在人的语言里，情感在人的行为里，情感也在人眼见的风景里。《荷花淀》中，花朵枝叶以及芦苇仿佛都有了生命。

孙犁重写白洋淀故事，当然因为雁翎队员们的讲述，但也因为孙犁本人对家人的思念。1944 年，孙犁刚到延安便听说了故乡人民经历了空前残酷的"五一大扫荡"。在《关

《荷花淀》书影

于〈荷花淀〉的写作》中孙犁写道："我离开家乡、父母、妻子，已经八年了。我很想念他们，也很想念冀中。打败日本帝国主义的信心是坚定的，但还难预料哪年哪月，才能重返故乡。"

哪一位丈夫愿意打仗，哪一位妻子希望生离死别？但是，当战火烧到家门口时，他们不得不战，不得不背井离乡。当作家想到远方的妻子儿女，想到美好水乡的人民时，他要怎样书写生活本身的残酷？《白洋淀之曲》中死去的水生在《荷花淀》里并没有死去，那位贤良妻子的生活依然安宁而活泼。故事情节的重大改动是否因为他对妻子与家人的挂念？是否因为他渴望传达一种乐观而积极的情绪？答案是肯定的。

完成《荷花淀》的那年，孙犁刚刚三十二岁。彼时，没有人知道战争哪一天结束，这位小说家同时也是年轻的丈夫，唯一能做的就是在纸上建设他的故乡，在心中牵挂和祝愿。因而，《荷花淀》里，小说家选择让水生成为永远勇敢的战士，而水生嫂，则可以在文字中享受属于她的安宁和幸福。哪怕，这幸福只是片刻。

当年，延安士兵读到《荷花淀》时有新鲜之感。这里没有炮火硝烟，也没有撕心裂肺，读者们嗅到了来自遥远水乡

1942年，摄于晋察冀边区，左后抱衣者为孙犁，其中还有邵子南、田间、李满天等人

的荷花香气，感受到了切实而具体的人与人之间的妥帖情感。时任延安《解放日报》副刊编辑的方纪后来在《一个有风格的作家——读孙犁同志的〈白洋淀纪事〉》一文中回忆说，读到《荷花淀》的原稿时，他差不多跳起来，小说引起了编辑部里的议论，"大家把它看成一个将要产生好作品的信号"。回忆孙犁作品给延安读者带来的惊喜时，他多次使用了"新鲜"："那正是延安文艺座谈会以后……（作家们）开始写新人——这是一个转折点；但多半还用的是旧方法……这就使《荷花淀》无论从题材的新鲜，语言的新鲜，和表现方法的新鲜上，在当时的创作中显得别开生面。"

　　1945年5月，《荷花淀》先在延安《解放日报》首发；紧跟着，重庆的《新华日报》转载；各解放区报纸转载；新华书店出版单行本；中国香港的书店出版时，还对"新起的"作家孙犁进行了隆重介绍。这篇不仅写给自己，也写给亲人，写给"理想读者"的小说犹如长出了有力的翅膀，安慰着战乱时代离乡背井的人们，也安慰着那些为了和平不得不战的战士们。尤其令人心生喜悦的是，《荷花淀》发表三个月后，1945年8月15日，日本宣布投降，水生和水生嫂们对安宁的向往终于不再是梦想。把《荷花淀》视作孙犁创作生涯的分水岭是恰当的，此前，他是作为战地记者和文学工作者的孙犁；此后，他是当代中国独具风格的小说家。

# 津门小集

孙 犁 著

# 02

# 为"新生的天津"画像

一种新的光辉，在这个城市照耀，新生的血液和力量开始在这个城市激动，一首新的有历史意义的赞诗在这个城市形成了。

——孙犁《新生的天津》

到天津后的孙犁

1949年1月15日，孙犁和解放大军一起进入天津。

进城之日，大队坐汽车，我与方纪骑自行车，路上，前有三人并行，我们骑车绕过时，背后有枪声。过一村后，见三人只剩一人，我与方纪搜检之，无他。此自由行动之害也。比至城区，地雷尚未排除，一路伤员、死尸，寸步难行。道路又不熟，天黑始找到报社，当晚睡在地板上。

孙犁和方纪骑车行进在从杨柳青到天津的路上，"遇见了解放天津作战的青年战士们，他们说笑、歌唱，对源源进入天

15

津的人们热情地招呼。每个人都对他们表示了无上的尊敬，他们完成了中国历史上最神圣的任务，从人民脖颈上摘去帝国主义和封建势力的双重枷锁"。天津呈现出一种新的精神风貌，"一月十五日，只有从这一天开始，人民走在街上，工作在岗位上，才自觉到自己是城市的主人。纪念这个日子的，也包括河北、山东和别的省份来往天津做工的农民，从今以后，他们在这个城市出入，会像在自己的家里出入一样了"。

一切都是新的气息，一个崭新的天津展现在眼前，"天津从这一天起，属于城市和乡村的劳动人民。劳动人民深刻明白'解放'这两个字神圣庄严的含义，那来自东北各地的青年英雄们，那来自冀中各个城镇、各个村庄有组织有经验的民工担架队，和那些带着农民的朴实作风进入这个城市工作的地方干部们，都用自己的工作，和自己对这个城市的贡献，来纪念天津的解放"。

来到新的天津，作为作家的孙犁也开始思考：

当人民解放军攻占了这个城市，严肃地在大街通过；当人民从家里跑出来，拥挤着、指点谈笑着，看望神勇的攻城部队的时候，天津的人民就自然地意识到这样一个问题：天津解放了，我将对它贡献些什么，和怎样为它工作呢？

在每个劳动人民的思想里，都会激起这样一个灿烂的问题。

在这一天，他会回想过去那些苦难，但主要的，他们会愉快地考虑，从今天起如何充实在他们面前展开的新的生活途径。

一种新的光辉，在这个城市照耀，新生的血液和力量开始在这个城市激动，一首新的有历史意义的赞诗在这个城市形成了。

这些文字见于孙犁的《新生的天津》，收录在《津门小集》第一篇。1949年1月18日，《天津日报》创刊的第二天便在副刊上发表了极具导向意义的文章《谈工厂文艺》。在这篇文章里，孙犁谈道："在天津，文艺工作主要是为工人服务，并

1951年孙犁在天津水上公园留影

17

在工厂、作坊，培养工人自己的文艺……我们就要有计划地组织文艺工作者进入工厂和作坊，也要初步建立工人自己的文艺工作。"从这时起，他已经想到，随着进入城市，文艺工作的对象和重点将要发生变化。他说："八年抗日战争，我们主要是建设了乡村的艺术活动。今天，进入城市，为工人的文艺，是我们头等重要的题目。"

在《学习》这篇文章里，他写到走进车间所见，"到处贴着大字报，各种快报，是工人自己编写，报道着生产竞赛的成绩。文化和教养——在建设祖国的劳动热情里，形成和发育"。在粗纱车间，有一幅五彩的劳动画报，在细纱车间，有一张用大字书写的文艺晚会的节目单。女孩子们一边紧张地工作，一边讨论着文化学习没弄明白的问题，这样的场景让他想到过去，"当我们解放了偏僻的山野乡村，砍伐树木，支架一个简陋的校舍，开创一个识字班，那些农民热情认字的场面，深刻地留在记忆里。当我们的战士在荒凉的塞外拓垦荒地，放下锄头，就围在一堆学习的情景，也永远是动人的。现在，在工厂里，情景是一样的，更使人感动的是他们的劳动更紧张，学习的热情也更高涨。学习的条件，因为我们的一步步的胜利，也更好了"。

在《团结》这篇文章里，他谈到了青年工人的团结问题，"日常，这些女孩子们，走在路的转角地方，她们会嬉笑着共同吃点东西，在小摊上共同参谋着买一面小镜，或者共同看一本新书"。"最动人的场面是大雨过后，她们从工厂出来，担心脚下的新白鞋。而在工厂的大门以外，家属们早提着雨鞋，抱着雨伞等候她们了。送鞋送伞的，多是年幼的弟妹，他们从家里赶来，光头赤脚。这些孩子们非常满意这个差事，很愿意给做工养家的姐姐服务，很愿意到姐姐做工的地方观光。"他看到工人们的此刻，也看到了他们的来处和思念，在《宿舍》中孙犁写道："他们多半来自农村，在紧张的工作的余暇，他们拔去窗前门边的芜草，种植上高粱玉黍，高粱和玉黍使他们想起家乡，关切农民的生活。"

在《保卫》这篇文章里，他写到上夜班的女孩子们，"总是坐着从北站一直通往小刘庄的公共汽车，提前到厂。在厂门口的小摊上，买一只大苹果装在红毛线衣的口袋里，跳进工厂的大门去。她们帮助工作了一天的姐妹整理着剩活，帮她们找出回家的衣服，走前转后，替她们扫去头发和身上的棉花。和下班的人们欢笑着告别，她们系上工作服，轻快地站到机器旁边去。夜间，她们的工作是充满庄严的感情的。两年以来，她们知道是在为什么工作了。在进厂的路上，她们看见了职工子弟小学放学回家的队伍，听到了孩子们歌唱的我们的国歌——《义勇军进行曲》的强烈悲壮的声音。在宽大的初冬的海河旁边，感到了伟大的祖国对她们的热情的召唤"。

在《小刘庄》里，他看到"在摆渡口有一个落子馆，几个女孩子站在台上唱，台下有几排板凳，但因为唱的还是旧调，听的人很少。在街中心有一个中年妇女出租小人书，内容新旧参半，只是数量很小"。由此，他想到"小刘庄应该有一家通俗书店，应该有一个完备的文化馆。工厂的文化娱乐，应该更密切地和工人家属教育结合起来"。

在《厂景》中，孙犁写下了在从津浦开来的列车上，看见海河岸边的情景。"在军粮城新开垦的水田里，正在收割丰收新稻的人民解放军战士们，吃过晚饭，也望见了这彩灯。在晴朗的夜晚，彩灯的光彩，会越过一带柳林，一湾柔细的芦苇，一直影射到杨庄子、土城的农民辛勤种植的蔬菜上来。下瓦房的小孩子们在马路上跳跃着，望着彩灯鼓掌。从乡下来贩卖新收下的枣子的农民们，露宿在小店的门前，城市的光辉，强烈地吸引着他们，坐在那里谈笑，睡不着觉。他们辨别着方位，熟悉地理的人，确定河这边的彩灯属于中纺二厂，对面的属于一厂。认识字的人，指出模范工人和工程师的名字，这两个名字，会同着祖国的荣誉，传到国际。""最有名的美术摄影师，把镜头转到模范工人和她的小组身上来，把她们的肖像，美术放大，陈列在门前。在天津，过去曾经煊赫过的浮华的事物，现在消敛了，新的景慕的对象，坚强荣耀地站立出来。"

在《保卫》中，他记下了天津解放初期海河边的景色：

在海河里，密密的高樯上挑起了红旗和红灯。来自内河的帆船，在黑夜里还在沉重地航行。它把大量的食盐、碱面、肥田粉和纱布运到今年丰收以后的农村去。

船夫们用全身的力量在船帮上一步一步推着篙，船娘弯着身子在后舱收拾着船家的晚餐，她把一个大些的孩子用绳子系在船柱上，又在一个婴儿的脊背上系上一个大葫芦，免得他们掉到河里去。

一切的劳动人民，都在新生的祖国的生产建设上，献出了一份力量，在保卫祖国的疆土上，他们是要献出更大的力量的。


孙犁也深入天津郊区农村采访。他写了妇联主任刘桂兰，采访了王秀楼、郑淑琴、刘桂兰等女性。在采访时，孙犁总会想到远方，想到自己曾经居住的家乡的农村，"天津郊区的农村，和我多年曾经居住过的家乡的农村，以及后来参加革命所走过的一些农村，在风俗景象上有很多不同。在这里的农村，邻近这样大的一个城市，无疑的，农民的生活是和都市紧紧联系着。都市曾经给过它哪些东西，或是它曾经以及将要给都市些什么？有一天我想起了这个问题。这是一个历史问题"。

"当我黄昏走回城市，在路上还是想：在街道上、家庭中，我们还有很多经历丰富的父老，在这些无比欢乐的日子里，我们还是应该多请那些年老的祖父、祖母、老姑母、老外婆，给我们讲些过去的故事，应该以他们为中心，召开一些小型的谈心会。"

后来，这些关于新生天津的速写文字结集为《津门小集》出版。在写给冉淮舟的信里，孙犁回忆了当年写作这本书的心情："写作它们的时候，是富于激情的，对待生活里的新的、美的之点，是精心雕刻，全力歌唱的……这些短文，它的写作目的只是在于：在新的生活激剧变革之时，以作者全部的热情精力，作及时的一唱！任务当然完成的有大有小，有好有坏，这是才力和识力的问题。蝴蝶和蜜蜂，同时翩舞，但蜜蜂的工作不只表现在钻入花芯，进行吸掠的短暂之时，也表现在蜂房里繁重的长期的但外人看不见的劳动之中。"

《津门小集》的出版后记中，孙犁说："我好像听到了那天真的声音，也看见了那天真的面孔。我感激得无话可说。在这样一本单薄的集子后面，在这些短小的文章里面，还有什么'深入'和'积累'的经验可谈吗？……我同意出版这本小书，是想把我在那生活急剧变革的几年里，对天津人民新的美的努力所作的颂歌，供献给读者。"

六十多年后重读，我们在《津门小集》里，可以感受到孙犁当时的积极、炽热和向上的热情，以及这座新生城市所带给人的欣欣向荣的气息。某种意义上，孙犁是新生天津的见证者，而尤其可贵的是，他为新生的天津画了像，尽管有些匆促，是一种文学速写，但读来依然有着浓郁的时代气息。

《津门小集》书影

# 03

园丁与园圃——
小犁和《文艺周刊》

《文艺周刊》应该永远是一处苗圃。就是说，应该着重发表新作者的作品，应该有一个新作者的队伍。

——孙犁《我和〈文艺周刊〉》

1949 年进城后，《天津日报》创办副刊《文艺周刊》。孙犁在《我和〈文艺周刊〉》中回忆说：

那时我在副刊科工作，方纪同志是科长，《文艺周刊》主要是由他管，我当然也帮着看些稿件。后来方纪走了，我也不再在副刊科担任行政职务，但我是报社的一名编委，领导叫我继续看《文艺周刊》的稿件。当时邹明同志是文艺组的负责人，周刊主要是由他编辑。

报纸的副刊，是报纸的组成部分，大政方针，都由总编室定。我虽然负责看稿选稿，但最后还要送给一名副总编审定。我记得当时担任过副总编的林间同志、李克简同志，都审阅过《文艺周刊》的稿件。我是报社的一员，对领导是尊重的，很少因为对稿件的不同看法，取舍改动，闹过什么意见。当然，领导也是尊重我的意见的。后来我病了，稿子也就看不成了，文艺组的负责人，也屡经变动。文化大革命以后，《文艺周刊》复刊，我就再也没有管过。

现在有的同志，在文字中常常提到，《文艺周刊》是我主编的，是我主持的，有的人甚至说直到现在还是由我把持的，这都是因为不了解实际情况的缘故。至于说我在《文艺周刊》，培养了多少青年作家，那也是夸张的说法，我过去曾写过篇小文：《成活的树苗》，对此点加以澄清，现在就不重复了。人不能贪天之功。现在想来，《文艺周刊》一开始，就办得生气勃勃，作者人才济济，并不是哪一个人有多大本领，而是因为赶上了解放初期那段好时候。

虽然孙犁很谦虚地称自己没有做过什么，但是，在当年，《文艺周刊》对于当时的文学青年而言犹如行路的明灯。

1953年初春，《文艺周刊》发表了从维熙的短篇小说《红林和他爷爷》，后来，他很快寄来《老莱子卖鱼》，收到编者要求他修改的回信。从维熙在《不待扬鞭自奋蹄》中回忆说："其实，那篇东西需要修改的地方并不多，只要编辑举手

孙犁与《天津日报》同仁合影，前左三为孙犁

之劳就能修订。但编辑部从不轻易删动作者稿件,而要求作者自己动手修改作品,以发现自己作品之不足,以利写作水平的提高。《老莱子卖鱼》的修改启示了我,应当审慎地对待自己的作品;因此,后来寄往《文艺周刊》的《七月雨》《远离》《合槽》等短篇小说,都避免了稿件的往返旅行,很快发表在《文艺周刊》上。" 很多年后,从维熙回忆当年二十岁时在《文艺周刊》发表处女作的情形时依然感慨不已:"我还经常回忆20世纪50年代初期的美好时光,那时我们的空气多么清新,每每思念起来,真有涉步于郁郁森林之感。"

韩映山在《饮水思源》中回忆20世纪50年代读《文艺周刊》的情形,"50年代初,当我还在保定一中念初中的时候,就喜欢读《文艺周刊》发表的作品。它虽是报纸上的周刊,其文学性质却是很强的,作品内容很切实,生活气息很浓厚,格调很清新,语言很优美,有时还配上一些插图,显得版面既活泼健康,又美观大方,没有低级趣味和小家子气，更没有那些谁也看不懂的洋玩意儿。当时孙犁同志的《风云初记》和方纪同志的一些作品曾在上面发表，影响和带动了不少的青年作者……刘、从、房那时都在学校读书，年龄都和我差不多，他们所写的都是农村题材，作品中的人物和风景我也都熟悉。我想他们能写，我为什么不能写？于是我在课余里也就偷偷地写了起来……于是我大着胆子把这两篇稿子寄给了《文艺周刊》。天，我做梦也没有想到，《文艺周刊》竟连续都登了，而且有一篇还是头条，当时是多么激动啊！发表了这两篇作品以后，我的写作劲头就觉着足了，于是便一发而不可收"。

刘绍棠也回忆说："对于《天津日报》的远见卓识，扶植文学创作的热情和决心，栽培文学新人的智力投资，我是非常钦佩和感念不忘的。孙犁同志把《文艺周刊》比喻为苗圃，我正是从这片苗圃中成长起来的一株树木。饮水思源，我多次写过，我的创作道路是从天津走向全国的。"

在一篇名为《〈天津日报·文艺周刊〉

孙犁与韩映山（右一）、李克明

与"荷花淀派"》的论文里，研究者统计了
1949—1966年发表于《文艺周刊》的作品，
约有九十篇作品呈现出一种共同的创作趋向：
"小说并不正面描写革命、战争或国家政策，
而是透过对乡村人物、风俗、景色的细致描
摹，反映时代变迁，尤其注重思想性与艺术
性的结合，语言清新、秀丽、朴素、含蓄，
富有浓厚的地方气息、艺术美和人情美。"
这些作者，主要有刘绍棠、从维熙、韩映山、

房树民、冉淮舟等作家。除此之外，《文艺周刊》也发表了许多效仿孙犁、深具"荷花淀派"风格的文本。通过详细的数据比对，论者指出"放眼'十七年'时期的报纸副刊，孙犁主持下的《文艺周刊》确实以其独特的美学磁场，吸引了一批来自农村的文学青年，他们效法孙犁、同声相应、同气相求，创作出了一批艺术风格相近似的文本，这种群体现象是无形而实存的"。

研究者也注意到，"荷花淀派"之所以能初具规模，并且在文学史上占有一席之地，与孙犁本人的办刊理念和悉心培育关系密切。

比如在《我和〈文艺周刊〉》中孙犁写到一些寄语：

一、《文艺周刊》应该永远是一处苗圃。就是说，应该着重发表新作者的作品，应该有一个新作者的队伍。一旦这些新作者，成为名家，可以向全国发表作品了，就可以从这里移植出去，再栽培新的树苗，再增添新的力量。这个刊物，不要企图和那些大型刊物争夺明星，争登名作。

因为它是个小刊物，没有那么大的竞争力，不可能办名花展览。当然，有些作家，原来在这里发表习作，后来成为名人，还愿意为它继续写稿，以隆旧谊，当然很欢迎。否则，就不必勉强。

二、物以类聚，文以品聚。虽然是个地方报纸副刊，但要努力办出一种风格来，用这种风格去影响作者，影响文坛，招徕作品。不仅创作如此，评论也应如此。如果所登创作，杂乱无章，所登评论，论点矛盾，那刊物就永远办不出自己的风格来。

三、这是一个强调现实主义的文艺刊物。它欢迎有生活、有感受，手法通俗，主题明朗，切切实实的文艺作品。张而皇之的，不中不西的，胡编臆造的作品，在这里向来是不受欢迎的。

四、对作者，要热情扶植，又要严肃，不能迁就。不能用着时靠前，用不着靠后；约稿时，急如星火，稿到手，冷若冰霜。像"运动夫人"一样。对稿件，一视同仁，不以名头势力作衡文砝码。

五、编辑要提高文学修养，提高编辑水平，要经常出去跑跑，联系作者，不要只是坐在桌前，守株待兔。

这些其实都是他的编辑理念，尤其是他一直以发现新作者、培育新作家为己任。很多作家回忆过《文艺周刊》对他们的帮助。铁凝在回忆中视这样的引导和帮助为"恩泽"："作为文学晚辈，我和我的一些作家朋友在年轻时都受到过孙犁先生的恩泽。那时候，孙犁先生在《天津日报》编《文艺周刊》，他关注着青年作家的成长，给予许多作者热情的鼓励和及时的引导。刚刚踏上文学道路的时候，就像一个人夜里走山路，有凉风扑面、神清气爽的时候，也有四顾茫然，不知所以的时候。这时候，一封信函，或者是几句话，都能点亮文学的灯火，打开前面的路。在我心目中，孙犁先生就是那位提着灯的宽厚长者。"

尽管诸多青年作家感念孙犁的扶助，但是，他却极为谦虚："但我看过一段时间的稿子，这是事实。看稿的时间也不算太短，看稿期间，有机会结识了不少有才华的青年作者，直到现在还维系着感情，这也是无须讳言的。对这个刊物，我是有感情的，也花费过一些时间，付出过一些心力。现在可以

1979年孙犁在多伦道寓所与冉淮舟合影

提起一点：凡是当时我选用的稿子，不只发表以前仔细看，见报以后，我还要仔细看一遍，看看有无排错，别人有无改动。"他尤其强调，"没有想过在这片园地上，插上一面什么旗帜，培养一帮什么势力，形成一个什么流派，结成一个什么集团，为自己或为自己的嫡系，图谋点什么私利，得到点什么光荣"。

孙犁曾把《文艺周刊》比喻为苗圃，认为一旦作者成为名家，便可以移植出去，再培养新的树苗，增添新的力量了。于这块苗圃而言，孙犁无疑是辛勤的园丁。尽管在关于《文艺周刊》的工作贡献方面，孙犁一直谦让，也很谦虚，但是《文艺周刊》所发表的作品和推出的作家们，却也实实在在地表明孙犁对这一栏目所花费的心血，他是一位优秀的、值得后人景仰的编辑。

04

在天津安家

居室陈设简单爽洁，窗明几净，书桌上刚翻过的书夹着纸条；身材瘦高的主人，言谈举止安然静慢，和居室气息十分协调，院子里的散乱喧闹仿佛被一道无形屏障隔开。

——谢大光《与孙犁先生编书》

1949 年 1 月进入天津后，孙犁曾于当年春节回到安平看望家人。春节离开安平时，他把二女儿带到了天津，随后带她去投考了天津实验小学。这以后，孙犁的母亲和大女儿，也都随亲属来过天津。直到 1950 年春天，才轮到妻子来天津探亲。在《老荒集》

1964 年孙犁与家人合影

收录的《移家天津》里，孙犁详细讲述了妻子带两个孩子辗转来天津的不易，因为居住条件有限，妻子探亲半个月后又回到了老家。

1950年下半年，报社实行了薪金制，孙犁的稿费也多了一些，他才又把妻子、孩子们接来。因为原来的小屋已经盛不下那么多人，报社腾出了一间约十八平方米的房子。后来为了照顾孙犁工作和写作，社里又在附近的多伦道216号

1960年孙犁在多伦道寓所

大院里，另分给他一间很小的房子。请人帮忙买了米面炉灶，一家人便在天津安了家。在多伦道大院的房子里，孙犁完成了《风云初记》《村歌》和《铁木前传》的创作。

铁凝在《怀念孙犁先生》一文中曾经记下第一次见孙犁的情景，也记下了当时孙犁的居住环境：

这是一座早已失却规矩和章法的大院，孙犁先生曾在文章里多次提及，并详细描述过它的衰败经过。如今各种凹凸不平的土堆、土坑在院里自由地起伏着，稍显平整的一块地，一户人家还种了一小片黄豆。那天黄豆刚刚收过，一位老人正蹲在拔了豆秸的地里聚精会神地捡豆子。我看到他的侧面，已猜出那是谁。看见来人，他站起来，把手里的黄豆亮给我们，微笑着说："别人收了豆子，剩下几粒不要了。我捡起来，可以给花施肥。

丢了怪可惜的。"

　　他身材很高，面容温厚，语调洪亮，夹杂着淡淡的乡音。说话时眼睛很少朝你直视，你却时时能感觉到他的关注或说观察。他穿一身普通的灰色衣裤，当他腾出手来和我握手时，我发现他戴着一副青色棉布套袖。接着他引我们进屋，高声询问我的写作、工作情况。我很快就如释重负。我相信戴套袖的作家是不会不苟

1982年5月孙犁在多伦道寓所与作家丁玲交谈

言笑的，戴着套袖的作家给了我一种亲近感　这是我与孙犁先生的第一次见面

谢大光在关于孙犁的印象记中则回忆说：

那是一间相当于小型会议室那样大的屋子，一排半人多高的书柜将房间隔成了两半，外面一半是书房兼会客室，越过柜顶，可以看到里面摆放着一张挂着旧蚊帐的木板床，是孙犁的卧室。这屋子中看不中用，冬天灌风，夏天漏雨，十分嘈杂，住着并不舒服，更不适于写作。可就是在这样简陋的房子里，孙犁创作出了晚年大部分著作。

在这所简陋的房子里，孙犁接待全国各地的朋友，和他们相谈甚欢。在多伦道大院里，孙犁居住了大概三十七年的时间。经历过房屋漏雨，也经历了人生起伏。

孙犁是 1988 年离开多伦道大院搬进南开区鞍山西道西湖村新楼的。与多伦道的房子相比，新居环境可算焕然一新了。

"我的现代化建设起步很晚，但进展很快。"他对来道贺乔迁之喜的客人们说。

但他搬家时，除了二十一箱书籍、一箱书画、五箱衣被、五

20世纪80年代孙犁在多伦道寓所前与吴泰昌、沈金梅、郑法清、谢大光（自左至右）合影

筐瓷器、一筐文具……等等之外，没有忘记带回那一筐破鞋烂袜。这些孩子们要扔掉的东西，他到底还是一一收拾在一起，带回来了。

这到底是新居，四周也都是拔地而起的新建楼群。在这里，他将要进入 90 年代了。①

---

① 郭志刚、章无忌：《孙犁传》，北京十月文艺出版社，1990 年。

# 05

# 《铁木前传》
# 的诞生

《铁木前传》的写作也是如此。它的起因，好像是由于一种思想。这种思想，是我进城以后产生的，过去是从来没有的。

———孙犁《致阎纲》（1979年）

1952年初冬，孙犁向报社请了长假，来到河北安国农村，先后在于村、长仕村体验生活。正是在这两个村子，孙犁看到了童年时期熟悉的老一代人，也认识了逐渐成长起来的新一代年轻人。半年后，孙犁回到天津。此间，除写作长篇小说《风云初记》外，还将下乡所见写成《杨国元》《访旧》《婚俗》《家庭》《齐满花》等散文，以"农村人物速写"为题，发表在《天津日报》上，这些其实是孙犁为写作《铁木前传》所做的前期准备。

关于《铁木前传》的创作，孙犁在1979年致评论家阎纲的信中说：

> 这本书，从表面看，是我一九五三年下乡的产物。其实不然，它是我有关童年的回忆，也是我当时思想感情的体现。
>
> …………
>
> 创作是作家体验过的生活的综合再现。即使一个短篇也很难说就是写的一时一地。这里面也不会有个人的恩怨的，它是通过创作，表现了对作为社会现象的人与事的爱憎。

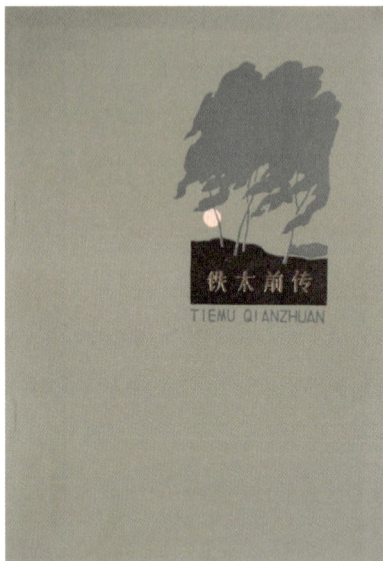

《铁木前传》书影

读者可以看到，《铁木前传》所写的，绝不局限在这个村庄。许多人物，许多场景，是在我的家乡那里。在这个村庄，我也没有遇到木匠和铁匠，当我来到这个村庄之前，我还在安国城北的一个村庄住过一个时期，在那里，我住在一位木匠家里。

…………

《铁木前传》的写作也是如此。它的起因，好像是由于一种思想。这种思想，是我进城以后产生的，过去是从来没有的。这就是：进城以后，人和人的关系，因为地位，或因为别的，发生了在艰难环境中意想不到的变化。我很为这种变化所苦恼。

确实是这样，因为这种思想，使我想到了朋友，因为朋友，使我想到了铁匠和木匠，因为二匠使我回忆了童年，这就是《铁木前传》的开始。

…………

一种思想，特别是经过亲身体验，有内心感受的思想，可以引起创作的冲动。但是必须有丰富的现实生活，作为它的血肉。

如果这种思想只是抽象的概念，没有足够的生活基础，只能放弃这个思想。为了表达这种思想，我选择了我最熟悉的生活，选择了最了解的人物，并赋予全部感情。如此，在故事发展中，它具备了真实的场景和真诚的激情。

小说从童年时期对铁匠和木匠的印象写起，逐渐深入社会生活变迁所引起的人际关系变化，以及年青一代在面对新社会、新生活时所作出的选择。尽管孙犁在创作上已趋于成熟，而且《村歌》《风云初记》的发表给孙犁带来了很高的声誉，他的写作条件也有了明显的改善，但是，写作过程却异常艰难，孙犁为此付出了沉重代价。1956年3月29日，因过于劳累，孙犁在午休后去卫生间时突然晕倒，将左腮磕破。妻子、孩子闻声赶来，赶紧把满脸是血的他送去医院，脸颊缝合了数针，所幸没有大碍。《铁木前传》只匆匆写了二十节便结束。也是从这时开始，孙犁不得不暂时放下手中的笔去治疗，以至于"十年废于疾病"。

《铁木前传》的发表过程也并不顺利。孙犁先是想到把这部新作交给天津的《新港》杂志，因为他的《风云初记》便是在这个杂志连载的。但是，却被两位编辑否定退稿。随后，孙犁将《铁木前传》转给《人民文学》。《人民文学》主编秦兆阳、作家康濯都认为这是一部好作品。后来，《人民文学》在1956年第12期头条发表了《铁木前传》。

《铁木前传》发表后深受瞩目，方纪认为这是孙犁创作的最高峰，王林认为这是孙犁的杰作。1957年1月17日，《铁木前传》的座谈会在天津市召开，《铁木前传》的单行本于1957年1月由天津人民出版社出版，书中收入了四幅线描插图，可惜的是，这些插图没有注明作者。当时，《铁木前传》首印16130册，很快销售一空。

《铁木前传》书写了两位老人——铁匠傅老刚和木匠黎老东的友谊与疏远，写了许多年轻人，九儿、四儿、六儿、小满儿，写的是20世纪50年代初期北方农村生活的风貌，写的是农业合作化给予农村社会的深刻影响。小说中，孙犁写出了农村里的新变化，尤其写出了钻井队带来的新变化。儿时定亲的九儿和六儿的情感因时代巨变发生了改变，女青年九儿发现，爱情的结合和童年的玩伴意义完全不同，她看到了更广阔的天地和世

《铁木前传》连环画（杜滋龄绘）

界。历史的变革浸润在点滴人际关系中。孙犁看到新人，也意识到社会风俗习惯的改变、伦理道德观念的改变；他看到新环境和新景物，也听到了新的语言和词汇。要用笔记下，要用笔画下，要用笔刻下，一位优秀作家，要写出自己时代"复杂的生活变化的过程"。

《铁木前传》是明朗、明亮的，有着一点点忧伤的气息。像诗一样的四万字的中篇小说在《人民文学》发表后引起广泛影响，也被后代读者传诵至今。即使历史已经变迁，那热火朝天的气象，那样明朗善良的人民，人与人之间的真挚情谊，青年人之间的情愫暗生依然有着穿越时光的魅力。孙犁的小说是与时代紧密结合在一起的，但同时，我们从他的作品中也能辨认出每个人的痛苦、热爱和悲喜。

孙犁小说贯彻着他的现实主义的创作理念，他写新的现实和新的人民，珍爱他笔下的每一个人物。作家是宽厚和体恤的，他看到人性美、人情美，他热爱和理解他笔下的劳动者和农民，尽管他们本身有缺陷，有令人不满意之处，他也依然愿意给予他们同情、爱与理解。这也是他的小说人物没有概念化和脸谱化的重要原因。作为解放区走出来的作家，孙犁的尝试无疑是成功的，正如郜元宝所指出的，"从'五四'新文学开创以来，如此深情地赞美本国人民的人情与人性并且达到这样成功的境界，实自孙犁开始。也就是说，抗战以后涌现出来的孙犁以及和孙犁取径相似的革命作家，确实在精神谱系上刷新了中国的新文学"。

1959年7月，刚刚从天津人民出版社独立出来的百花文艺出版社推出了《铁木前传》的新版本。这一版本与初版最明显的不同，是以四幅水粉画代替了原来的线描插图，其作者是张德育。百花文艺出版社在1959年7月推出了新版的《铁木前传》，印数达19100册。之后又多次重印，依然保留了这四幅插图。

《铁木前传》的插图给读者留下了深刻的印象。作家铁凝在《怀念插图》一文中写道："我第一次读孙犁先生的中篇小说《铁木前传》是在二十岁以前……当时除了被孙犁先生的叙述所打动，给我留下深刻印象的便是画家张德育为《铁木前传》所作的几幅插图。其中那幅小满儿坐在炕上，一手托碗喝水的插图，尤其让我难忘。""张德育先生的插图，用着看似简单的中国笔墨，准确、传神地表现出一个文学人物的血肉和她洋溢着别样魅力的复杂性格，实在让人敬佩。中国至今无人超越张德育这几帧国画插图的高度，他自己也未能再作超越。"

尽管《铁木前传》有着重要的影响力，但孙犁本人却受到了批评。1975年4月12日，孙犁在《铁木前传》的书衣上写下了一段感慨："此四万五千字小书，余既以写至末章，得大病。后十年，又以此书，几至丧生。则此书于余，不祥之甚矣。然近年又以此书不存，颇思得之。春节时，见到林呐同志，嘱其于出版社书库中，代为寻觅。昨日，林以此本交人带来，附函喻之以久别之游子云：'当他突然返回家乡时，虽属满面灰尘，周身疮痍，也不会遭遇嫌弃的吧？'……呜呼，书耳，虽属上层建筑，实无知之物。遭际于彼，

《铁木前传》插图（张德育绘）

并无喜怒。但能反射影响于作者，而作者非谓无知无情。世代多士，恋恋于斯，亦可哀矣。"孙犁对这部作品情感复杂，"这几年我谈了自己不少作品，但就是没有谈这本书，在写给一个地方的自传里，我几乎把这本书遗漏了。因为这本书对我来说，似乎是不祥之物"。

但很多读者都写下了《铁木前传》的魅力。在《怀念孙犁先生》一文中，铁凝谈到了她对《铁木前传》文学品质的理解："我想，我已经很久没读孙犁先生的小说了，当今中国文坛很久以来也少有人神闲气定地读孙犁了。春天的时候，我因为写作关于《铁木前传》插图的文章，重读了《铁木前传》。我依然深深地受着感动。原来这部诗样的小说，它所抵达的人性深度是那么刻骨；它的既节制、又酣畅的叙述所成就的气质温婉而又凛然；它那清馨而又讲究的语言，以其所呈现的素朴大方使人不愿错过每一个字。当我们回顾《铁木前传》的写作年代，不能不说它的诞生是那个时代的文学奇迹；而今天它再次带给我们的陌生的惊异和真正现实主义的浑厚魅力，更加凸现出孙犁先生这样一个中国文坛的独特存在。《铁木前传》的出版距今四十五年了，在四十五年之后，我认为当代中国文坛是少有中篇小说能够与之匹敌的。孙犁先生对当代文学语言的不凡贡献，他那高尚、清明的文学品貌对几辈作家的直接影响，从未经过'炒作'，却定会长久不衰地

1952年孙犁与郭小川（中）、李冰在寓所留影

渗透在我的文学生活中。"

　　李敬泽在《近半个世纪，两个孙犁》中评价说："这是一部'旧'小说，历史在它的表面留下了刺目的痕迹，但这又是一部'新'小说，它依然能和今天的读者获得充分的共鸣，依然让人感到新如朝露……一九五六年的孙犁先生固然与当时的所有作家一样受限于历史境遇，但他对人的忠直守望却使这部作品能够超越时代，超越他的肉身而抵达现在，甚至未来。"

# 06

# 藏书家、患病者、"读书人"

远离尘世，既不可能，把心沉到渺不可寻的残碑断碣之中，如同徜徉在荒山野寺，求得一时的解脱与安静。

——孙犁《我的金石美术图画书》

1956 年，孙犁四十三岁。此后三年，他的生活以疗养身体为主。治疗疾病进行休养时，也是孙犁搜购旧书的开始。一个出外休养治疗神经衰弱的作家，也是一位不断收藏古旧图书的读者。当疾病有所好转回到家中，他藏书的习惯业也养成："孙犁大批买旧书，是 1960 年从外地养病回来。除了在天津逛书摊儿，南京、上海、苏州、北京，各地方去要目录，要的就圈上圈儿，寄回去。他家的台阶上，几乎每天都有邮局送来一包一包旧书。"[1]孙犁晚年出版的《书衣文录》《耕堂读书记》中记录了他多年的藏书目录，从《旧唐书》《史记》《前汉书卷》《后汉书卷》《东坡先生年谱》《清代文字狱档》《庄子》《韩非子》《典论》《文赋》《三国志》《颜氏家训》到《曾文正公手书日记》《能静居士日记》《太平广记》《饮冰室文集》《世说新语》等经史子集多种。据孙犁在"文革"之后的统计，其购置的古书约一千余种，三千多册。患病者孙犁逐渐成为一位藏书家。

虽然自称为藏书家，但书籍之于孙犁是用来阅读而非束之高阁。他有特别嗜好：为古籍"装修"。几乎每一本书他

---

① 汪稼明：《孙犁：陋巷里的弦歌》，大象出版社，2003 年。

都会包上书衣，写上题目、作者、卷册，也在书衣上写下感触——他与这些书籍如何相遇、读此书时的心境、对此书的评价等。这些古籍陪伴孙犁度过了那段荒芜的岁月，彼时他处境艰难，孙犁在《我的金石美术图画书》中写道："我当时处境，已近于身心交瘁，有些病态。远离尘世，既不可能，把心沉到渺不可寻的残碑断碣之中，如同徜徉在荒山野寺，求得一时的解脱与安静。"

1978年后的孙犁更是嗜读如命。1993年，年近八旬的老人在一次手术康复后回家立刻大量读书并撰写笔记。在半年时间里，他遍览古籍六十余种，汇集为《甲戌理书记》，最后一篇写的是《日记总论》，对《曾文正公手书日记》等五部日记发表看法。如此旺盛的阅读和写作热情令人赞叹。如同"文革"岁月里的阅读使孙犁"死里逃生"，阅读古籍的行为也在给予孙犁一种自我确认，在这位沉静忧郁的读书人眼里，只有阅读古籍才使他感受到"幸存"的意义和价值。换言之，嗜读古籍之于这位读书人而言是精神的存活，是他作为一位写作者和思考者的曲折自我实现。

古籍便是他所寻找到的"林子"。尽管这些收集到的图书都曾有被没收的厄运，但幸运的是1972年的到来，被没收的图书部分被送还，孙犁也被"解放"。这不啻久别重逢，四处搜寻而来的古书重新排列在房间，开始与他朝夕相处。孙犁又开始包书了，与古籍耳鬓厮磨，是享受，是隐秘的快乐。

在他那里，每部古书都有故事、来历。孙犁寄给青年作家铁凝《海上花列传》，细细地讲述了这本书上发生过的故事。"文革"期间，他差孩子送一套自己珍爱的古籍给同在天津生活的作家老友，但没过几天即被送回，并传话说看完了，请他自己保留吧。孙犁后来恍然悟出，那个时代以古籍作礼物并不适合，对方可能怕受到牵连。这让人感到隐隐不快，如同自己的朋友受到了冷落一般。对于孙犁而言，古籍不仅仅是朋友，更是知己，毕竟遇到这些藏书时正是在最为孤独寂寞之时——战友们四散，朋友们远去，发妻亡故，与另一位伴侣张同志相处并不愉快。能说得上话的朋友如此之少，他只有说与古籍，写在"书衣"上：

> 昨晚为家人朗诵白居易书信三通，中有云：又或杜门隐几，块然自居，木形灰心，动逾旬月。"当此之际，又不知居在何地，身是何人。

> 此证余已搬回原住处，然身处逆境，居已不易。花木无存，荆棘满路。闭户整书，以俟天命。

> 昨夜梦见有人登报，关心我和我之工作，感动痛哭，乃醒，眼泪立干。

1972—1975 年间的文字偶得，简短、破碎，有如情感的明灭。黑暗中行走者的低语是读书人的全部痛苦和精神寄托。他写在书衣上的话越来越大胆，张同志1975年4月与他分手时建议，"现在阶级关系有新变化，你在书皮上写的那些字，最好收拾收拾"。但"死里逃生"的孙犁已经无所顾忌。人最重要的是阅读、思考、表达，不如此，多病之人如何战胜疾病？

在古籍上写下最为痛切的感言，意味着在过去建立起一个新的自我，不被现在的混乱所打扰，从而实现一种旧世界的新生，一个旧我的重生。某种意义上，那些写在书衣上的文字表明，以阅读者的名义，彼时的孙犁从事的是属于他的"潜在写作"，他通过这样的写作，确立自己痛苦的在场、精神的在场、良知的在场；也通过这样的写作，他辨认自身命运，展开他与更阔大的精神世界，与那些文化先贤们更沉郁和更富有精神向度的对话。

不仅是古籍。晚年孙犁对古代的一切表现出极大的热情，他热爱书法、碑抄、绘画以及古玩。他临摹古代书法，抄写喜爱的古籍。身外的世界已然如此，一个读书人能做的只有阅读、抄写，沉迷。这种沉迷于物的精细，正是对自己曾经热爱事物试图逃避和疏离的一种途径。年轻人送给他宋代古钱，他欣赏之后再次交回青年友人。事实上，孙犁身上不断显示着他与旧的一切的亲密关系。他追思古人故事，迷恋印刷史，喜欢讨论司马迁、柳宗元、欧阳修、蒲松龄、曹雪芹。

疾病或许摧毁了一位小说家继续创作的勇气和能量，但"死里逃生"的体验使他最终选择自我修为，回顾自己的往昔岁月，孙犁自认对得起良心，"对于伙伴，虽少临险舍身之勇，也无落井下石之咎。循迹反顾，无愧于心"（《善闇室纪年》序）。看起来怯懦的、动不动就两眼一黑摔倒在地

的读书人以疾病、以沉默、以花鸟草虫、以
嗜读古籍的方式，持久进行着他的抵抗。某
种意义上，嗜读古籍是晚年孙犁最重要的生
活方式，借此，作为患病者的他获得"康复"。

研究者们都意识到老人对旧传统的热爱，
也感受到他对"破坏"的心痛。新时期的孙
犁开始发掘那些经典传统著作，重新评价，
比如《唐传奇》《世说新语》《聊斋志异》，
他认识到"书籍印刷，正如一切文化现象，
并不都是后来居上的，它也是迂回曲折的"
（《我的书目书》）。他推崇古代文学经典
作品里的形式美、语言的简洁力量，希望重
拾中国文学及中国文化的根基。"中国这些
旧的文化，作为一个中国的作家，一点都不
懂，会闹笑话的。现在，笑话已经不少。（《和
郭志刚的一次谈话》）"《芸斋小说》是对
古代笔记体小说形式的继承，他对汪曾祺、
铁凝、贾平凹作品继承中国优秀文学传统的
赞扬，莫不与他守望优秀传统的情怀有关。
胆小柔顺是人们对孙犁的普遍看法，但回过
头看，那二十年里，疾病的孙犁却也活得勇

敢刚直。那些古书籍是晚年孙犁生活的"定海神针"。

孙犁对鲁迅的追随很早就开始了。年轻时代，他每次阅读《为了忘却的记念》都忍不住热泪盈眶。他多次抄录、油印这篇文字，给学生讲解，自己则背诵如流。晚年偶然在收音机里听到，心情久不平复。战争岁月颠沛流离，他身边一直伴有鲁迅的作品。进城后有条件购买书籍时，尤其是患病期间，他严格按《鲁迅日记》里的书账寻找古籍，以经、史、子、集类别广泛购置。他为他的藏书能与鲁迅藏书有十之七八相近而深感快慰，他自述希望通过这样的方式来"以证渊源有自"，能"追步先贤"。某一次，他为一位朋友赠写条幅"如露亦如电"，之后得知鲁迅也曾书此句赠日本僧人，深感惊喜与快慰。晚年时他不止一次感叹鲁迅先生的思想、文字，"望尘莫及"。

事实上，孙犁的读书趣味深得鲁迅精神，比如喜欢读笔记和野史、对历史叙述保持怀疑。他越追慕鲁迅，便越对乱哄哄的现实有所疏离，对潮流文化保持距离，他显然在追求成为"不和众嚣，独具我见之士"，研究者们说晚年孙犁越来越像猛士，其实这正是孙犁心向往之。孙犁晚年以阅读和抄写古籍度过乱离时代，很难不让人想到鲁迅早年清寂、孤独的碑抄生涯，内在里，他们都借助"返古"获得精神自由。

虽然喜欢古籍，但这位出身于解放区的革命作家其实深具现实情怀，在他心中，一位作家的情感只有与国家民生相连才值得景仰。在《我的集部书》中，他如此写道："翻到'亲贤臣，远小人，此先汉之所以兴隆；亲小人，远贤臣，此后汉之所以颓败'一节，掩卷唏嘘，几至流涕。汉魏文章之可贵，即在于此。身世与政治相关联，作家情感，密切国家民生，责任感很强。非同后来文人之只知哀叹自己也。"

余前有商務排印本連同一些雜
說部捆贈達生昨達來問訊及
近來出版物知有此書遂託其持請
小馬代購達生記得真下午即即曰
寒送來此亦卻后藏書潔裁廬代
色裝之

時限
一九七三年
？月廿日

# 儒林外史（一）

嘉慶八年卧閑草堂刻

孙犁手书《儒林外史》书衣文

# 07

# 《芸斋小说》
# 与孙犁的散文

一些人进入我的作品，虽然我批评或是讽刺了他的一些方面，我对他们仍然是有感情的，有时还是很依恋的，其中也包括我的亲友、家属和我自己。

——孙犁《谈镜花水月》

谈到《芸斋小说》，孙犁曾经说是被逼出来的。

1981年3月，《收获》杂志向孙犁约稿，但孙犁并没有合适的文学作品。1981年11月至1982年1月，他写了以《芸斋小说》为总题的五篇小说，寄给《收获》发表。由此，也开启了《芸斋小说》的创作。

《芸斋小说》书影

从1981年11月起至1991年7月，十年时间里，孙犁陆续完成以《芸斋小说》为总题的文学创作，以《孙犁全集》所收为准，共三十一篇。这些作品曾分别收在作者不同的集子中，后来，孙犁在单行本出版时写了《谈镜花水月》一文作为后记，提醒读者不要"对号入座"，"人物一进入小说，便是虚构，打破镜子摘采花朵，跳进水中捞取月亮，只有傻瓜才肯那样去干"。

尽管他试图避免读者按图索骥，但三十一篇作品其实主要还是讲述他在20世纪70年代的所见所遇，前面十六篇以记人为主，而尤其关注他们在那个特殊年代的际遇，后面十五篇则写记忆深处无法忘怀之事，以事为主。不论人或事，都有时代背景，正是在时代和世事变迁里，晚年孙犁回溯当年的过往，以简笔勾勒人们的生活际遇，看到人性的复杂、人生的波折、命运的起伏。《芸斋小说》所写人物，有当时的当权者，有古董商，有女相士，也有旧艺人，这些形象是在孙犁以往作品里没有出现过的。

尽管前面提到《芸斋小说》开始是为《收获》杂志约稿所写，但其实创作《芸斋小说》也是孙犁一直以来的愿望，在给韩映山的信中，他说："我近来写了三篇小说，是写我在文化大革命的遭遇的，本来是不想写这些东西了，但有时想，我如不写，别人是不会知道这些细节。为后世计，我还是写一点儿吧！"

　　如何写丑陋、写恶，是晚年孙犁写作所面对的问题。虽然多次说过不愿意写丑陋的

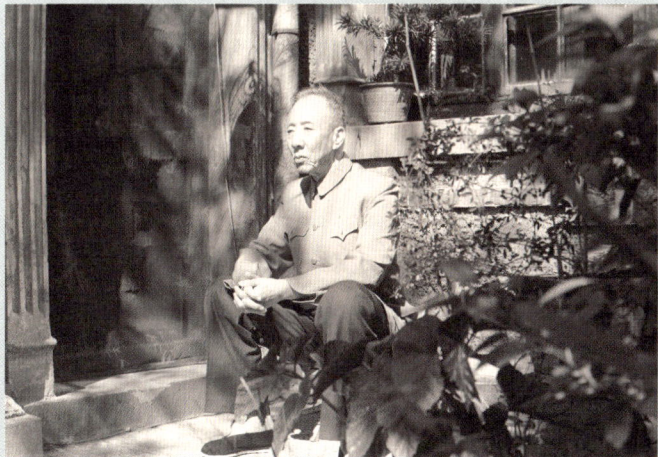

20世纪80年代中期孙犁坐在自家门口

东西，但大乱离时代的所见所闻，读历史的所思所想，在他身上产生了深刻而显著的变化，这些尤其体现在《芸斋小说》中。这部作品里，他的写作冷静而几近客观，与当时流行的伤痕文学风格并不相近。研究者注意到，"孙犁似乎不像许多当年在解放区文学中成长和成名的作家那样沉溺于一种极度的兴奋和欢乐之中，也没有声嘶力竭地去'讨伐'那些曾不可一世的政客或小丑，他更没有追随风靡一时的'伤痕文学'，去袒露那不堪回首的种种痛楚、伤疤或丑恶"①。

对"恶"的描写，不是单纯地呈现，而是进行艺术性的处理，其中蕴含了作家的思考和对人性的审视。在《谈镜花水月》中，孙犁谈《芸斋小说》的创作时写道："我有洁癖，真正的恶人、坏人、小人，我还不愿写进我的作品。鲁迅说，从来没有人愿意去写毛毛虫、痰和字纸篓。一些人进入我的作品，虽然我批评或是讽刺了他的一些方面，我对他们仍然是有感情

①　刘慧英：《"荷花淀"的清香和人生的劫难——"芸斋小说"浅读》，《当代作家评论》，1993 年第 3 期。

的、有时还是很依恋的，其中也包括我的亲友、家属和我自己。"那么，为何要以小说为名？作者在《读小说札记》中解释说："强加小说之名，为的是避免无谓纠纷。"因此，可以肯定的是，《芸斋小说》是以真人真事为蓝本创作的，而研究者也注意到，这里所写的诸多人、事都与作者的亲身经历相吻合，这从作家书信和文章中可以得到印证。只不过，作家虚构了人物的名字，在一些事件过程的讲述和细节上进行模糊处理。

关于《芸斋小说》的文体问题，一直是研究者所关心的。具体是小说，是散文，还是纪事？就连孙犁本人也并不确定。在讨论汪曾祺的《故里三陈》时，孙犁将汪的小说和自己晚年小说做过一些对比，他认为汪的小说"好像是纪事，其实是小说"。在《读小说札记》中他又写道："我晚年所作小说，多用真人真事，真见闻，真感情。平铺直叙，从无意编故事，造情节。但我这种小说，却是纪事，不是小说。"而在给吴泰昌的信中，他又明确说自己的《芸斋小说》应该从某种意义上说是小品，"拙作小说（严格地说应该叫小品），《收获》将发五篇，近又投《人民文学》一篇，可见四月号"。"小品"可以指小说，但并不仅仅包含小说。当然，不论作者强调是纪事还是小品，其实都是在强调作品的真。

今天，多数论者喜欢把《芸斋小说》归为"新笔记体小说"。新笔记体小说的归类有助于打开我们对《芸斋小说》的理解。正如大家所看到的，孙犁喜欢在每篇小说结尾处设置一段"芸斋主人曰"，以极为精要而简洁的文字记录下叙述人对所见之人、所遇之事的感悟、感慨和思考。它与新笔记体小说的形式追求极为相近。

今天，研究者把孙犁的《芸斋小说》视为20世纪80年代新笔记体小说的拓荒之作，其他还包括汪曾祺的《故里杂记》《故里三陈》，贾平凹的《商州三录》，阿城的《遍地风流》，韩少功的《史遗三录》，以及近年来莫言的《一斗阁笔记》等，它们都有着相近的文风和相近的文学审美追求。

对于孙犁而言，《芸斋小说》的意义在于作家本人的"晚年写作"风格的形成，他的作品更为简洁、有力、深刻，与当年的清新、隽永风格有极为鲜明的不同。这是属于他个人的自我超越。就文学史而言，《芸斋小说》标志着孙犁在小说文体上的一次创新，也由此开创了新笔记体小说创作的先河，也将自己的写作嵌入了中国古代优秀小说传统中。

孙犁的散文中，《度春荒》《村长》《风池叔》和《干巴》，发表于1980年第1期《散文》，文章前面，孙犁引了写在《书衣文录》上的诗："梦中每迷还乡路，愈知晚途念桑梓。"随后，他将《村长》之外的三篇文字收录于"耕堂劫后十种"的《秀露集》。自此之后，《乡里旧闻》系列便成了孙犁"耕堂劫后十种"的"固定节目"，《澹定集》中收录的是《木匠的女儿》《老刁》《菜虎》《光棍》，《尺泽集》中收录的是《外祖母家》《瞎周》《楞起叔》《根雨叔》，《远道集》中收录了《吊挂》《锣鼓》《小戏》《大戏》，《老荒集》

中收录了《疤增叔》《秋喜叔》，《无为集》
中收录了《大根》《刁叔》《老焕叔》，《陋
巷集》中收录了《大嘴哥》。这些作品最早
的写于1979年12月，最晚的写于1987年，
虽然数量不多，篇幅不长，却是孙犁晚年散
文的重要组成部分，除去《乡里旧闻》系列，
孙犁也写下了大量的回忆性文字，这些一并
构成了孙犁散文中的精品。

孙犁的书房——"耕堂"

孙犁是念旧的人，旧时的一草一木、一枝一叶、一人一事，都让他牵挂。读孙犁的文字会意识到这位作家自制力强，他内敛而克制，并不直抒胸臆。情感是他散文的内驱力。在那些追怀旧时光的文字里，他书写那些街坊邻居的生活点滴，他书写旧时村里的穷苦人、可怜人、那些命运不济之人。他对他们怀有深深的挂牵。

《干巴》里写了一位叫干巴的穷苦人。"冬天，他就卖豆腐，在农村，这几乎可以不要什么本钱。秋天，他到地里拾些黑豆、黄豆，即使他在地头地脑偷一些，人们都知道他寒苦，也都睁一个眼，闭一个眼，不忍去说他。他把这些豆子，做成豆腐，每天早晨挑到街上，敲着梆子，顾客都是拿豆子来换，很快就卖光了。自己吃些豆腐渣，这个冬天，也就过去了。"不评论他人的生活，他为他画像，记下他曾经活着。

《木匠的女儿》里，写了一位叫小杏的青年女性。这位青年女性长得美，"十四五岁的时候，已经出息得像个大人。长得很俊俏，眉眼特别秀丽，有时在梢门口大街上一站，身边不管有多少和她年岁相仿的女孩儿们，她的身条容色，都是特别引人注目的"。但是，女孩儿却是不幸的，"小杏在二十几岁上，经历了这些生活感情上的走马灯似的动乱、打击，得了她母亲那样致命的疾病，不久就死了。她是这个小小村庄的一代风流人物。在烽烟炮火的激荡中，她几乎还没有来得及觉醒，她的花容月貌，就悄然消失，不会有人再想到她"。孙犁并不居高临下地审视他笔下的人物，叹息她的离去，伤感她的生不逢时，写下的是遗憾和同情，以及带着同情的理解。"贫苦无依的生活，在旧社会，只能给女孩子带来不幸。越长得好，其不幸的可能就越多。她们那幼小的心灵，先是向命运之神应战，但多数终归屈服于它。在绝望之余，她从一面小破镜中，看到了自己的容色，她现在能够仰仗的只有自己的青春。"

《乡里旧闻》里，清欢中有热闹，寂寞中有欢乐，他用寥寥数语勾画下那些人的一生，也写下对他们的眷顾。调性却是明亮的。

他尤其喜欢写下祝福。在很多人的故事之后，他喜欢写上一句"祝他幸福"。那是浸润在文字中的深情厚谊，明亮而又温暖。

要特别提到那篇《亡人逸事》。那是我们在课堂上反复研读的作品，年轻人对这篇尤其喜欢。他并没有直接表达对妻子的想念，而是回顾了他们的"天作之合"，回顾了他们的第一次相见，回顾了妻子从女孩子到少妇的成长历程。"我们那村庄，自古以来兴织布，她不会。后来孩子多了，穿衣困难，她就下决心学。从纺线到织布，都学会了。我从外面回来，看到她两个大拇指，都因为推机杼，顶得变了形，又粗、又短，指甲也短了。后来，因为闹日本，家境越来越不好，我又不在家，她带着孩子们下场下地。到了集日，自己去卖线卖布。有时和大女儿轮换着背上二斗高粱，走三里路，到集上去粜卖。从来没有对我叫过苦。"

写下眼中那个人，记下她的点点滴滴，满篇都是生活的细节，细细读来，皆是深情。孙犁的文字准确简练，读来有切实之感。这篇散文并没有直接抒发与妻子的情感，但是，情感却贯穿在字里行间。尤其是《亡人逸事》中的结尾，也是阅读材料里常常要分析的段落：

> 她对我们之间的恩爱，记忆很深。我在北平当小职员时，曾经买过两丈花布，直接寄至她家。临终之前，她还向我提起这一件小事，问道：
>
> "你那时为什么把布寄到我娘家去啊？"
>
> 我说：
>
> "为的是叫你做衣服方便呀！"
>
> 她闭上眼睛，久病的脸上，展现了一丝幸福的笑容。

这是雕刻般的记述，时间流逝，但具体的人、具体的场景却历历在目。读孙犁的作品，会想到陀思妥耶夫斯基的话，"爱生活，远胜于爱生活的意义"。对于孙犁而言，写下往日时光里的那些人，便是他对世界的表达，便是普通生活中真正的诗意。

榆叶和榆钱，柳芽和柳叶，夹竹桃和月季在他的笔下闪着光。那是具体而微的美。散文《凤池叔》中，他提到了夹竹桃，"我特别记得，他的身旁，有一盆夹竹桃，据说这是他最爱惜的东西。这是稀有植物，整个村庄，就他这院里有一棵，也正因为有这一棵，使我很早就认识了这种花树"。那篇不长的文字是关于一位乡村人物的讲述，但因为这个人对花树的爱惜，读者对那位其貌不扬的乡村大叔有了不一样的理解。

《母亲的记忆》里，他提到庄稼、柴草和母亲的辛劳。"麦秋两季，母亲为地里的庄稼，像疯了似的劳动。她每天

1976 年孙犁重新握笔开始了新的笔耕

一听见鸡叫就到地里去，帮着收割、打场。每天很晚才回到家里来。她的身上都是土，头发上是柴草。蓝布衣裤汗湿得泛起一层白碱，她总是撩起褂子的大襟，抹去脸上的汗水。"

母亲是勤劳的，但最让儿子难忘的是那朵明艳而美丽的月季："抗日战争时，村庄附近，敌人安上了炮楼。一年春天，我从远处回来，不敢到家里去，绕到村边的场院小屋里。母亲听说了，高兴得不知给孩子什么好。家里有一棵月季，父亲养了一春天，刚开了一朵大花，她折下就给我送去了。父亲很心痛，母亲笑着说：'我说为什么这朵花，早也不开，晚也不开，今天忽然开了呢，因为我的儿子回来，它要先给我报个信儿！'"

从古至今，写母子亲情的文字何其多，可是，将母子之间久别重逢的喜悦用月季来表达的，恐怕只有在孙犁这篇关于母亲的回忆里。今天，孙犁的母亲早已离去，而做儿子的也已离去二十多年，但是这样明亮的母子之情、这样喜气洋洋的母子情深，却永远镌刻在我们的散文名篇里。

孙犁的散文作品充满了祝福与祝愿。穷困是外在的，他最终写下的是人们的活着、人们生命的光泽。那光泽既是出自现实世界实在的美，同时也属于作家对事物的独特理解。某种意义上，"但愿人间有欢笑，不愿人间有哭声"是这位作家的写作理想。换言之，尽管经历了生离死别与鲜血淋漓，这位作家最希望的还是在文字中展现世界的应然——他希望展现世界应该有的样子，人应该有的样子。

　　将一种浓烈的情感用写意的方式写出来，是孙犁散文的重要特点。尺短情长，这些短小凝练的散文，承接的是中国古代散文传统的优秀因子。孙犁的散文，追求言有尽而意无穷；追求汉语的典雅、凝练，追求汉语的音乐性与节奏感；他的散文里有属于中国美学的清新、留白与写意。很多人说孙犁的作品有清新之美，那自然是对的，但是我以为那清新是沧桑之后"本来"犹在的清新，是流过乱石荒野之后的清澈清冽；那是历经酷寒的山野里的风，饱含着暖意，裹挟着质朴。

# 琴和箫

孙犁

# 08

# 孙犁与莫言

假如孙犁能把《风云续记》和《铁木后传》给我们补上来，那是一大喜庆。早先听人讲，他因为身体不好，不能从事写作。我曾说过，愿意以自己的健康去换取孙犁的《铁木后传》。

　　　　　　——徐怀中《透过弥漫的硝烟——答陈骏涛同志》

现在看起来，孙犁的评论改变了莫言的人生轨迹。那篇关于莫言的文字并不长，在《读小说札记》中只有两百多字：

去年的一期《莲池》，登了莫言作的一篇小说，题为《民间音乐》。我读过后，觉得写得不错。他写一个小瞎子，好乐器，天黑到达一个小镇，为一女店主收留。女店主想利用他的音乐天才，作为店堂一种生财之道。小瞎子不愿意，很悲哀，一个人又向远方走去了。事情虽不甚典型，但也反映当前农村集镇的一些生活风貌，以及从事商业的人们的一些心理变化。小说的写法，有些欧化，基本上还是现实主义的。主题有些艺术至上的味道，小说的气氛，还是不同一般的，小瞎子的形象，有些飘飘欲仙的空灵之感。

从维熙回忆说："莫言曾经跟我谈起，他刚写小说时，孙犁曾给他写过一篇评论，要知道孙犁根本就不认识他。正是孙犁的这篇评论，让他走进了解放军艺术学院，也走上了文学之路，所以莫言非常感激孙犁先生对他的无私扶植。"

具体是如何改变莫言人生轨迹的呢？要从1984年开始说起。

当年解放军艺术学院文学系的青年教师刘毅然在随笔《莫言，一杯热醪心痛》中回忆过莫言第一次来到他办公室的情形：

> 1984年初夏，我正忙于协助徐怀中老师招考解放军艺术学院文学系第一期学员。忽然有一天房门被轻轻推开了，走进来一位圆脸的军人，书包一本正经地挎在肩上，满脸的朴实劲儿，我凭着当过几年排长的经验断定这是个挺本分的农村入伍的军人，只是他那双不大的眼睛里闪烁着一种犁在耕地时碰到石头后骤然爆出的很亮的光，还带点忧伤，他的额头丰满明亮……

彼时已经过了入学的报名时间，"他没有掏出官方的介绍信和报名表，而是掏出自己发表的两篇小说，他说他想上学想做徐怀中老师的学生"。刘毅然就把他的作品留下了。

刘毅然并不知道，年轻的莫言来到解放军艺术学院时，内心有着怎样的焦灼和渴望。在此之前，他已经在河北保定的内部刊物《莲池》上发表过一系列小说，还参加了《长城》组织的笔会。年轻人认定自己将来要当作家，而不是军队里的干事。因而，当他一听说有去解放军艺术学院读书的机会时，便竭力争取，即使机会渺茫。莫言说那天他到文学系办公室时，看到里面办公室里有一位眉毛很长的主任，但刘毅然告诉他，徐主任很忙，就不见他了。

当莫言回到部队等通知时，他的幸运之门已经打开。这位原名管谟业的"千里马"遇到了他

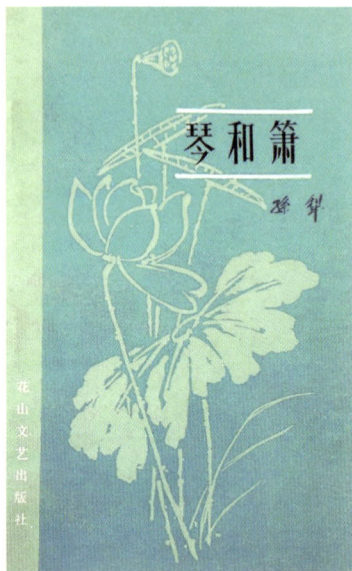

《琴和箫》书影

的伯乐。很快，刘毅然在电话里告诉莫言可以参加考试。当
然，刘毅然并没有告诉他，徐主任看了他的作品后说："这
个学生，即便文化课不及格我们也要了。"

徐主任，就是后来被莫言称为恩师的徐怀中将军。他是
河北邯郸人，出生于 1929 年，当时五十五岁的他出任解放
军艺术学院文学系首届主任。徐怀中有极好的艺术判断力。
很可能，在莫言的资料中，首先打动他的是小说《民间音乐》，但孙犁对莫言的评价也起到关键作用。作为后辈，徐怀中对孙犁的感情极深厚，他在《透过弥漫的硝烟——答陈骏涛同志》中写道：

> 孙犁同志，是我所敬慕的他这一辈作家中尤为敬慕的。遗憾的是不曾相识，也不曾写信去打扰过他。我只是常常流连于孙家的瓜棚豆架之下，熏染一点花香。这里的瓜豆，不及别处那样累累坠坠，但对我来说是很满足了，普希金留给世界的书册也是有限的。当然，假如孙犁能把《风云续记》和《铁木后传》给我们补上来，那是一大喜庆。早先听人讲，他因为身体不好，不能从事写作。我曾说过，愿意以自己的健康去换取孙犁的《铁木后传》。

徐怀中的研究者李小婧发现，徐怀中几乎在每一篇创作谈中都会提到孙犁，不由自主地说出一番动人的话来，徐怀中是动了真情。徐怀中还写过对孙犁小说《琴和箫》的评论发表在《文学评论》上，他称此小说为"美玉"。徐怀中深为认同孙犁写作的美学传统。事实上，他的创作也深受孙犁影响，讲究作品纯正的艺术感觉，从人情世态出发去理解人而非阶级性。在徐怀中眼中，孙犁是被低估的小说家，孙犁对中国文学作出的贡献需要铭记。

当莫言对刘毅然说，他想做徐怀中老师的学生时，他是否知道孙犁与徐怀中之间的传承关系？这并不重要。重要的是，事情就是如此卓有意味。当年，徐怀中对莫言的接纳既是对莫言小说的接纳，也是对孙犁评价的潜在认同。徐怀中后来曾在不同场合提起过那篇《民间音乐》，认为那篇小说很精彩。又有一次他对刘毅然说，"可惜当年全国短篇评奖，我没看到《民间音乐》，否则一定为它投一票"。

1984年秋，基层军官莫言终于来到解放军艺术学院。二十九岁的莫言进入解放军艺术学院时，正是文学系初创。学院里正规老师并不多，系里从校外约请作家学者，吴组缃、丁玲、刘白羽、王蒙、李泽厚、刘再复、汪曾祺、谢冕、张洁、李陀等都曾走上解放军艺术学院文学系讲台。讲座方式或许没有严密体系，但却成就了课堂内容的自由开放，每位讲者都各有文艺观念，或有交集，或有对话，或有冲突，对于学员，无异于文学知识与文学观念的"大轰炸"。朋友们回忆说，莫言总是坐在教室后窗的位置上，从不旷课，莫言也坦言，他在解放军艺术学院期间创作的小说，大部分是在听老师讲课时触发出来的。在解放军艺术学院，这位爱好写作的军人找到了他的同伴——来自全国各地的、与他一样有虔诚文学之心的军人们，他们共同阅读、写作，也互相启发和互相鼓励。在解放军艺术学院，莫言眼界大开。莫言的文字中某种东西散发了光芒，它们吸引了这世界上那些有心的、优秀的读者。

尽管莫言后来的小说美学追求与孙犁、徐怀中颇有不同，但因缘际会，两位有敏锐艺术感受力的作家都有披沙拣金的能力，他们发现了莫言的不同一般。因为一篇青涩之作，不同代际的三位中国作家就这样神奇相遇。这注定将成为中国当代文学史上的佳话：相遇使这位名叫莫言的青年人命运发生巨大转折；相遇也因为莫言未来的丰硕创作而使中国当代文学之一变。

# 09

## 孙犁与贾平凹
## 的文学渊源

孙犁是最易让模仿者上当的作家，孙犁也是易被社会误解的作家。

——贾平凹《孙犁论》

1981 年 4 月 30 日《天津日报》的《文艺周刊》上，发表了青年作者贾平凹的散文《一棵小桃树》。在这篇散文发表的同天，作为《文艺周刊》老编辑的孙犁写下评论《读一篇散文》。文章起笔，孙犁说他在《文艺周刊》上看到了《一棵小桃树》。"关于这位作家，近些年常看到的是他写的高产而有创造的小说，一见这篇短小的散文，我就感到新鲜，马上读完了。"在他看来，贾平凹的散文别有韵味。"这是一篇没有架子的文章。""但我不愿意说，他在探索什么，或突破了什么。我只是说，此调不弹久矣，过去很多名家，是这样弹奏过的。它是心之声，也是意之向往。是散文的一种非常好的音响。"当孙犁赞许贾平凹的文字是"此调不弹久矣"，正是在说他的写作深得中国文学传统神韵。

　　1981 年，贾平凹只有二十九岁，刚刚在文坛崭露头角。在此之前，他的小说作品《满月儿》已经获得 1978 年全国优秀短篇小说奖。当时的评论界普遍认为，这位青年作者"着重表现生活美和普通人的心灵美，提炼诗的意境"。现在读来，贾平凹的早期写作与孙犁解放区时期的作品追求相近。

很久以后，读者们才会了解，孙犁的《白洋淀纪事》对于这位叫贾平凹的文学青年曾具有何等重要的意义。在长篇散文《我是农民》中，贾平凹回忆青年时代在水库工地夜晚读书时的情景，在那里，他遇到了一本没有名字的书，夜里他睡不着，便拿起紧挨着他的铺位的一位姓雷的人枕头边的一本书翻起来。这一翻，竟一生都喜欢起了这本书。这本书没有封面，也没了封底，揉搓得四角都起了毛，但里边的文章吸引了他，竟一气看了十几页。

几年后上了大学，贾平凹看到同宿舍的同学读《白洋淀纪事》。翻了几页，他大吃一惊："我在水库工地读的就是这本书！"当然，《白洋淀纪事》不仅是他当年的启蒙读物，还是他在水库工作时写作的范本，这本书引发了他巨大的写作热情。"我已经买了一个硬皮的日记本，是用每月的两元钱补助买的，开始了记日记。我的日记并不是每日记那些流水账，而是模仿了《白洋淀纪事》的写法，

《白洋淀纪事》书影

写我身边的人和事。我竟然被我的记述才能感动了。写完一段就得意忘形，念给身边人听。大家听得十分开心，说写某某写得像，写某某还没写够，又讲某某的趣事。日记本平时是在枕头下压着的，我不在时常被人偷偷拿去当众念，竟还流传到别的连队，我写作的热情全是被这些人煽动起来的。"

　　以回忆录为证，将孙犁视为青年贾平凹的写作"偶像"

并不为过。那么，在全然不知情的情况下，收到孙犁对《一棵小桃树》的夸奖，年轻人当时是何种心情？贾平凹曾撰文忆起往事："两年前，当我发表了一篇小小的散文，孙犁偶尔看到了，写了一篇读后感的文章。对于他的人品和文品，我很早就惊服得五体投地，我一个才练习写作的小青年的一篇幼稚的散文，倒得到他的笔墨指点，这使我很激动，也鼓起了我写散文的勇气。"①

孙犁评《一棵小桃树》的文章后来发表在 1981 年 7 月的《人民日报》上。贾平凹读后很快给孙犁写了一封信。"万没想到，就在他收到我信的三个小时后，他便给我回了一信，谈了许多指点我写散文的见解。"②

贾平凹写给孙犁的信至今没有公开发表。但可以想见他很想知道孙犁对自己创作的整体认识。回信中，孙犁答应再谈。这便是孙犁《再谈贾平凹的散文》一文的缘起。1982 年 4 月 7 日，孙犁完成了这篇关于贾平凹散

①② 贾平凹：《贾平凹散文选》，百花文艺出版社，1992 年。

文的评论，"自从读了《一棵小桃树》以后，不知什么原因，遇见贾平凹写的散文，我就愿意翻开看看"，他说这种看是自愿、自然的。"就像走在幽静的道路上，遇见了叫人喜欢的颜面身影，花草树木，山峰流水，云间飞雀一样，自动地停下脚步，凝聚心神，看看听听。"

"以这两篇散文而论，他的特色在于细而不腻，信笔直书，转折自如，不火不温。"对于这样的散文，孙犁深为推崇。"能以低音淡色引人入胜，这自然是一种高超的艺术境界……总的看来，他的散文是中国传统的，是有他自己的特色和创造的。"这是孙犁讨论贾平凹散文时第三次提到中国传统——第一篇评论中他提到读贾平凹散文意识到，"此调不弹久矣，过去很多名家，是这样弹奏过的"。一年前，他也建议贾平凹写"中国式的散文"。

孙犁将贾平凹散文放在中国传统散文写作的脉络里去理解和认识，也由此，他指出了贾平凹散文写作的创造性："用细笔触，用轻淡的色彩，连续不断地去描绘现实生活中，人们所习见，而易于忽略的心理和景象……他的文字，于流畅绚丽之中，略略带有一种山野朴讷的音调，还有轻微的潜在的幽默感。以这样的文字，吸引读者，较之那种以高调门吸引读者，难度更大。但他做到了。"

如果说《读一篇散文》里，孙犁只是向读者推荐一位对中国传统散文写作有自觉传承的新作家，那么，在《再谈贾平凹的散文》里，读者从字里行间会感受到孙犁对这位后生的褒扬、鼓励和喜爱。这篇评论写于1982年4月7日夜晚，彼时天津大风降温，评论完成后，孙犁罕有地写下自己写作的情形："披棉袄，灯下记。"我们的孙犁先生并没有写他的心境，但从屋外大风降温屋内披棉袄而作的情形可以想象，写评论时的他内心温暖——没有比看到一颗新星升起更愉悦的事情了。这篇评论，即使四十多年后的今天读来，也依然如春风拂面。

《再谈贾平凹的散文》完成两个月后，1982年6月5日，孙犁再度为新出版的贾平凹散文集作序。短短一年的时间里，年届七旬的老人为一位青年作家写下两篇评论、一篇序言，密集程度非比寻常——孙犁对贾平凹的喜爱之情可见一斑。

我是喜欢这样的文章和这样的作家的。所谓文坛，是建筑在社会之上的，社会有多么复杂，文坛也会有多么复杂。有各色人等，有各种文章。作家被人称作才子并不难，难的是在才子之后，不要附加任何听起来使人不快的名词。

…………

我不敢说阅人多矣，更不敢说阅文多矣。就仅有的一点经验来说，文艺之途正如人生之途，过早的金榜、骏马、高官、高楼，过多的花红热闹，鼓噪喧腾，并不一定是好事。人之一生，或是作家一生，要能经受得清苦和寂寞，经受得污蔑和凌辱。要之，在这条道路上，冷也能安得，热也能处得，风里也来得，雨里也去得。在历史上，到头来退却的，或者说是销声敛迹的，常常不是坚定的战士，而是那些跳梁的小丑。

这是篇立意高远的序言，既是在为贾平

凹写序言，向读者推荐一位新作家，也是在表达他对贾平凹写作追求、写作态度的认同和期许。可是，那些对于文学传统、外来影响、作家的思想情操的理解和认识不也与孙犁本人的追求有关？这是同道之于同道的夸奖和赞扬，是惺惺相惜，也是夫子自况。

1982—1983 年，年轻的贾平凹似乎遇到了他人生中的第一个低谷，他写信向孙犁诉说苦闷。孙犁很快回复他："我们虽然没有见过面，可以说神交已久，早就想和你谈谈心了。前几个月，我也忽然梦到你，就像我看到的登在《小说月报》上你的那张照片。"在这封信里，他并没有直接针对某个问题讨论，而是谈到了自己写诗歌不被读者理解，生活中的苦闷，以及自己晚年的孤独寂寞。转而，在信的末尾处，他安慰他的年轻朋友："我的经验是：既然登上这个文坛，就要能听得各式各样的语言，看得各式各样的人物，准备遇到各式各样的事变。但不能放弃写作，放弃读书，放弃生活。如果是那样，你就不打自倒，不能怨天尤人了。"

回过头看，与孙犁通信时期的贾平凹，正处于创作的丰沛期。如果说他的早期散文《一棵小桃树》《月迹》有"荷花淀派"作品所追求的清新、自然、隽永之风；那么1983年之后，贾平凹的文学创作在慢慢发生变化，他的风格开始由清新隽永到朴拙丰蕴，他开始有意识使用中国传统小说中的笔记体风格，

《月迹》书影

将地方志、游记、小品文杂糅在一起，逐渐在作品中传达出中国传统散文的独特美感，尤以《商州初录》为代表。

年轻的贾平凹曾经回忆起他与孙犁先生的通信，当然，也记下了他与先生通信时的矛盾心情，"我又不敢多给他去信，怕打搅一个七十岁高龄的老人的生活"。

贾平凹曾经三次想去天津看望孙犁，但三次都未能成行，"一次已经买了车票，却因为突然有个紧急会议没有去成。一次到北京开会，和妻说好顺路去天津，但在北京车站徘徊了许久，又作罢了。我知道自己的劣性儿，害怕见人，害怕应酬，情绪儿又多变化，曾经三次登华山，三次走到华山脚下，却又返回了。一回到家里，就十分后悔，自恨没出息"。贾平凹去天津拜访孙犁是在1983年10月，当时他受邀去天津参加一个散文奖颁奖活动。这离他们第一次通信已经有两年半时间了。见到孙犁的场景，令这位作家终生难忘。

第二天，到了孙犁家，老人正站在门口的花

台子上，大个，暖洋洋的太阳照着全身，眼睛眯着，似乎有一种黑和蓝的颜色。经人介绍他迟疑了一下，就叫着我的名字，同时拉我进了屋子，连声说："我才给你写好了信啊！"桌头上果然放着一封写给我的信。这封没有邮票，不加邮戳的信手接手地邮到了。我一时不知说什么好。他显得很快活，倒水、取烟，又拿苹果；问了这样，又问了那样，从生活，到写作，一直谈到读书，他打开了他的书柜让我看他的藏书，又拿了藏书目录让我翻阅。①

在这篇散文里，贾平凹还讲到了一件趣事。去天津之前，他为第一次见孙犁郑重选择礼物："我蓦地记起在一张孙犁的照片上，看见过他身后的墙上挂着一幅骆驼的画，就说：'带一件唐三彩的骆驼吧，唐三彩有咱秦地的特点，骆驼又是老人喜爱的形象，岂不更有意思吗？'妻便依了我，小心翼翼将书架上珍藏的一匹瓷质的骆驼取下来，用绸子手帕擦了灰尘，一边包裹，一边说：'这

---

① 贾平凹：《一匹骆驼》，《贾平凹散文选》，百花文艺出版社，1992年。

使得吗，这使得吗？'"

从西安到北京，从北京到天津，不论贾平凹如何如临大敌小心翼翼地保护着这唐三彩，骆驼还是在旁人搬运过程中被摔了，"骆驼一共破碎了四条腿，三条是硬伤儿，一条的脚上碎裂成几十个颗粒。我没有了勇气把它送给孙犁了"。

但他还是告诉了孙犁：

吃罢午饭，当我红着脸讲了骆驼破碎的过程，他仰头哈哈大笑，说："可以胶的，可以胶的！文物嘛，有点破损才更好啊！"两天后，我将胶粘好的骆驼放在他的书案，他反复放好，远近看着，说："这不是又站起来了吗！"便以骆驼为话题，又讲了好多为人为文的事。他是慈祥而又严厉的人，有好说好，有坏说坏。又是一个上午过去，又在那里吃饭，又是戴了帽子，拄了拐杖送我到院门口，又是叮咛我多来信。

这些场景，生动又温暖。

目前，公开场合里所见到的，1981—1985年，孙犁与贾平凹通信频繁，之后，则日渐稀少。其中很大原因可能在于老人精力有限，他并未时时关注贾平凹的创作，而作为晚辈，频繁写信可能也构成一种叨扰。进入 20 世纪 90 年代，《孙犁全集》中只收录了孙犁就《美文》创刊给贾平凹的信，写于1992 年。这是目前所见，孙犁写给贾平凹的最后一封信，也是一封引起轩然大波的信。因此诱因，孙犁慢慢弃笔，直至 1995 年完全不再公开发表文字。

　　1993 年第 3 期《当代作家评论》上发表的《孙犁论》，这是贾平凹第一次以论文的方式讨论孙犁及其作品。这一年，孙犁八十岁，离二人第一次通信相识已过去了十二年。


　　读孙犁的文章，如读《石门铭》的书帖，其一笔一画，令人舒服，也能想见到书家书时的自在，是没有任何病疾的自在。好文章好在不觉得它是文章，所以在孙犁那里难寻着技巧，也无法看到才华横溢处。《爨宝子》虽然也好，郑燮的六分半也好，但都好在奇与怪上，失之于清正。

　　…………

20 世纪 80 年代孙犁在寓所书房

评论界素有"荷花淀派"之说，其实哪里有派而流？孙犁只是一个孙犁，孙犁是孤家寨人，他的模仿者纵然万千，但模仿者只看到他的风格，看不到他的风格是他生命的外化，只看到他的语言，看不到他的语言有他情操的内涵，便把清误认为了浅，把简误认为了少。因此，模仿他的人要么易成名而不成功，为一株未长大就结穗的麦子，麦穗只能有蝇头大，要么望洋生叹，半途改弦。天下的好文章不是谁要怎么就可以怎么的，除了有天才，有凤命，还得有深厚的修养，佛是修出来的，不是练出来的。常常有这样的情形，初学者都喜欢涌集孙门，学到一定水平了，就背弃其师，甚至生轻看之心，待最后有了一定成就，又不得不再来尊他。孙犁是最易让模仿者上当的作家，孙犁也是易被社会误解的作家。

写《孙犁论》的贾平凹刚刚过四十岁，正是人生最好的时光，此时的贾平凹对事物、对写作、对作家的理解已非昔日可比。《孙犁论》是有密度有品质的文章，短小精悍，意蕴丰富。事实上，它已经成为孙犁研究资料的代表作品。论者对孙犁为人为文的理解的深刻、锐利、抵达，堪为评论文章的精品。而且，也特别要说的是，这篇文字中流露的气息是自在和自然的，是孙犁顶喜欢的那种没有架子，但又并不空洞的随笔式表达。不得不说，此时的贾平凹已然成为孙犁及其作品的知音与解人。孙晓玲在《布衣：我的父亲孙犁》中也提到，孙犁生前对这篇文章评价甚高，认为贾平凹出手不凡，一语中的，一句顶一万句。那么多人写孙犁，数他写得最好。

1993年《孙犁论》发表之后，贾平凹先后又写过三篇关于孙犁的文字。2002年7月11日，孙犁逝世当天，贾平凹写下了《高山仰止》："二十多年里孙犁先生一直在关注着我，给过鼓励，给过批评，他以他杰出的文学作品和清正的人格使我高山仰止，我也以能认识他而为荣幸。"

如果说这一篇是急就章，那么，2002年12月5日贾平凹写的《孙犁的意义》则更接近《孙犁论》的神气，其中有一个精当的比喻："孙犁是一面古镜，越打磨越亮。"令人印象深刻的是，他以三个问号的提问方式向后来者提出了如何评价孙犁的问题。提出问题，贾平凹似乎没有准备自己回答。但是，他其实也含蓄表达了他的看法："如果以后孙犁的研究更深入下去，如果还有人再写现当代文学史，我相信，孙犁这个名字是灿烂的，神当归其位。"写下《孙犁的意义》时，离《孙犁论》的发表过去了近十年，离他与孙犁的第一次见面已经过去近二十年。

2013年是孙犁一百周年诞辰，贾平凹在《天津日报》发表了《我见到的孙犁》，以此表达对这位前辈的深切怀念。这一年，离他与孙犁第一次见面已经过去三十年了。他提到自己当年对孙犁的敬畏："那时候，文坛有着孙犁的许多传言，这些传言都是有关他的性情的，见过了他，倒觉得他对我爱护有加，但我也仍是怕他，就像我父亲直到去世前我还一直怕他。"也提到晚年孙犁居住的空旷而简陋的房子。"而我纳闷的是他怎么就住那样的房子，房子里没有什么家具和摆设，很简陋，仅一个人，有些空旷。"那是当时三十岁出头的贾平凹所不能理解的，"几十年过去了，我也活到了当年孙犁见我的那个年龄，常常想起那个房子，就体会到了他那时的生活状态"。

在《我见到的孙犁》中，贾平凹不仅仅回答了在《孙犁传》中自己的提问，也写到了他对孙犁生活的另一层感受，"他浸淫在自己的文学世界里，别人便可能看作是孤僻，他需要身心自在，别人便可能看作是清高……别人怎么说就怎么说去吧，他只在全神贯注于文学，只是写他的书"。那一刻，贾平凹似乎比以往更懂得了孙犁——孙犁那些关于为人为文的"念念不忘"，神奇地在作家贾平凹那里有了灵魂的回响。

# 10

## 孙犁与铁凝
## 的文学传承

引我去探究文学的本质，去领悟小说审美层面的魅力，去琢磨语言在千锤百炼之后所呈现的润泽、力量和奇异神采的，是孙犁和他的小说。

——铁凝《怀念孙犁先生》

1979 年，铁凝从下乡插队的河北省博野县回到河北省保定市，做一家文学期刊的编辑。她应邀去天津与百花文艺出版社的编辑见面。那是个日常但又并不平凡的秋日下午，铁凝由百花文艺出版社编辑李克明陪同去看望孙犁。

　　见到孙犁之前，铁凝早已熟读孙犁的小说。1973 年，因为爱好文学，铁凝被父亲带着去见《小兵张嘎》的作者徐光耀，徐光耀对她说："在中国作家里你应该读一读孙犁。"铁凝立即回答："孙犁的书我都读过。"而谈到《铁木前传》，她告诉徐光耀："我差不多可以背诵。"多年后回忆当时的场景，铁凝在《怀念孙犁先生》一文中写道："现在想来，以那样的年龄说出这样一番话，实在有点不知深浅。但能够说明的，是孙犁先生的作品在我心中的位置。"

　　1979 年铁凝第一次见到孙犁先生时，她二十二岁。见面后不久，她写信给孙犁，并寄来了她的小说。这似乎是孙犁第一次阅读铁凝的文字。老人很快写了回信，这是目前我们所看到的孙犁写给铁凝的第一封信。这封信里，孙犁肯定了铁凝的小说《丧事》，并肯定了她的写作方向，尤其谈到她创作的可能性："你对生活，是很认真的，在浓重之中，能作淡远之想，这在小说创作上，是非常重要的。不能胶滞于生活。你的思路很好，有方向而能作曲折。"

第二封信写于1979年年底，那一次，孙犁收到了铁凝的童话。给铁凝的信，孙犁写得朴实，他对铁凝的赞扬是家常的，"有的人头发白了，还是写不好童话。有的人年纪轻轻，却写得很好。像你就是的"。孙犁与铁凝二十多年的书信来往中，有着一种难得的亲切、自然、自在。这与一般的作家交往颇有不同。对比孙犁写给同时期作家的信会发现，他对铁凝像家人一般。

这种亲切感或许与他们共同生活在冀中平原有关。《荷花淀》《铁木前传》等重要作品都是以冀中地区为故事背景。而铁凝生活在保定，时任文学杂志《荷花淀》的编辑，由杂志名字也可以想象到孙犁作品对于当地人民的深厚影响。这意味着，在最初，孙犁与铁凝就建

孙犁在寓所沙发留影

立了一种由地域而开始的亲近关系，这是起点，但更重要的是铁凝文字本身闪现的光泽——对于孙犁而言，铁凝固然是冀中平原来的年轻人，但更是卓有天赋的晚辈。

　　1980年，二十三岁的铁凝在河北省文学讲习班学习。此时，她刚完成的小说《灶火的故事》受到了批评。一些同行认为她的思路有问题。铁凝感到苦闷，她将这篇小说寄给了孙犁，两天后，她收到了回信。孙犁肯定了这篇小说的思路和方向，"后面写得好。这种老人我在农村是见过很多的，你写得很真实"。很快，《灶火的故事》在孙犁的推荐下在《文艺》增刊上发表，之后被《小说月报》转载。在另一封信里，他再次安慰年轻的作家："我觉得你写的灶火那个人物很真实。我很喜爱你的这个人物。"但是，他也坦率地说："结尾的光明，似乎缺乏真实感。"

孙犁对《灶火的故事》的支持使铁凝的写作踏上了新起点。那位农村孤独老人的形象，那种与文坛流行写作方式保持距离的文学追求，都意味着铁凝创作生涯的真正开始。多年后回忆这段往事时，铁凝深为感念，在文集《六月的话题》的卷首语中她写道：

我以为《哦，香雪》固然清纯、秀丽，《六月的话题》固然机智、俏皮，但《灶火的故事》的写作才是我对人性和人的生存价值所做的坦白而又真挚的探究，才是我对以主人公灶火为代表的一大批处在时代边远地带的活生生的人群，初次的满怀爱意的打量。尽管它明显地带着那时我经营短篇小说的不甚地道的章法，但它对于我八十年代之后的写作，具有我在同时期其他小说都无法替代的意义。在这个短篇小说里，我初次有了"犯规"的意向，向主人公那一辈子的生活在"原则"里的生活提出质疑。这意向在当时尚处于自发的朦胧阶段，但这次的实践毕竟使我开始思考：在你的写作中懂得并且有力量"犯规"和懂得并且善于遵守规矩同样重要。

孙犁对"犯规"的支持和理解，让铁凝心存感激，"这篇小说在技术上的确很不成熟，但我一向把它看作是自己对文学有了一点点深入理解的重要开端"。

孙犁与铁凝的通信多是谈天，说读书，说写作，说为人；也向她抱怨自己的苦闷和烦恼。他甚至多次在信中表示欢迎她写信来。这样的热情态度与他给人留下的深居简出、会客有严格时间限制的印象颇为不符。孙犁对铁凝的喜爱溢于言表。

也是在这一年，孙犁手书了"秦少游论文"，送给正在创作之路上摸索前进的铁凝。年届古稀的孙犁真可谓用心良苦——抄心仪的文字送给年轻的朋友，是一种心意的表达，内在里也是一种期待。显然，他认定了这个年轻人是未来的优秀作家，亦将是他的同路人。这份尽在不言中的心意，铁凝接收到了。在《怀念孙犁先生》中铁凝写道："我想，这是孙犁先生欣赏的古人古文，是他坚守的为文为人的准则，他亦坦言他受着这些遗产的涵养。"

看好一个年轻人的成长，认定一个年轻人是自己的同路人，当然是重要的，但更重要的是，这位年轻人要以自己卓

孙犁为文友题签

有品质的创作来回应这样的看好与认定。年轻的铁凝到底不
负孙犁期待。1979—1982 年，这位被孙犁先生深为看重的
年轻人越写越出色，越写越有气象，一种飞跃式的进步已悄
然到来。

　　1982 年，铁凝参加《青年文学》编辑部在青岛举办的
笔会，会议期间，她创作了短篇小说《哦，香雪》，发表在
《青年文学》1982 年第 5 期上。不过，这部作品并没有引
起主办者的重视，在读者中也没多少影响。甚至，主办者有

点失望——他们希望她能拿出一个能入选《青年佳作》（《青年佳作》是当年中国青年出版社编辑出版的小说年选，每年一本）的作品来。似乎感到了苦闷，也感到了文学创作道路上的孤独，铁凝将刊有这篇作品的《青年文学》寄给了孙犁。

收到刊物时，孙犁正在住院。三个月后他回家才读到这篇作品。1982年12月14日，他读完《哦，香雪》即刻复信铁凝，诚挚、热情、无私地表达了对这部小说的喜爱。之后，这封信发表在《河北日报》上，题为《谈铁凝的〈哦，香雪〉》。

今晚安静，在灯下一口气读完你的小说《哦，香雪》，心里有说不出的愉快。这篇小说，从头到尾都是诗，它是一泻千里的，始终一致的。这是一首纯净的诗，即是清泉。它所经过的地方，也都是纯净的境界。

读完以后，我就退到一个角落里，以便有更多的时间，享受一次阅读的愉快，我忘记了咳嗽，抽了一支烟。我想：过去，读过什么作品以后，有这种纯净的感觉呢？我第一个想到的，竟是苏东坡的《赤壁赋》。

我也算读过你的一些作品了。我总感觉，你写农村最合适，一写到农村，你的才力便得到充分的发挥，一写到那些女孩子们，你的高尚的纯洁的想象，便如同加上翅膀一样，能往更高处、更远处飞翔。

············

在农村，是文学，是作家的想象力，最能够自由驰骋的地方。我始终这样相信：在接近自然的地方，在空气清新的地方，人的想象才能发生，才能纯净。大城市，因为人口太密，互相碰撞，这种想象难以产生，即使偶然产生，也容易夭折。

你如果居住在一个中小城市，每年有几次机会，到偏远的农村去跑跑，对你的创作，将是很有利的，我希望能经常读到你这种纯净的歌！

孙犁的评价改变了《哦，香雪》的文学史地位，也悄然改变了20世纪80年代初文学批评的标准尺度。《哦，香雪》获得了1982年全国优秀短篇小说奖。这一荣誉使铁凝一举成名。新时期文学四十多年来，《哦，香雪》的经典地位有目共睹。因此，今天的我们尤其应该记住孙犁对作品艺术品质的看重。孙犁强调的是，这部小说首先是"诗"而不是别的什么。孙犁的评价不仅仅使一部作品获奖、改变一部小说的文学史地位，更重要的是，借由对铁凝与《哦，香雪》的推崇，孙犁参与推动当时的文学标准慢慢回到文学本身。

1984 年 2 月，铁凝在《文汇报》发表了一篇散文《套袖》，她提到孙犁先生日常生活中喜欢戴套袖。孙犁读到了这篇文字，深为喜欢。同年 3 月，孙犁发表了《谈"印象记"》，在表达对流行的印象记的不满之余，他特意提到了《套袖》。

另外，就是昨天读到的，铁凝同志写的一篇题名《套袖》的散文。她这篇文章，我接到《文汇报》以后，当晚看了两遍。这并非从中看到了她对我的什么捧场，而是看到了她的从事创作的赤诚之心。铁凝的创作，一开始就带有这种赤诚，因此，她进步很快，迅速成为文坛瞩目的新人物，有些人还不得其解，视为神秘，其实就是因为"赤诚"两个字。

我想，她是应该明了并珍惜自己的得天独厚之处的。

在文章中，她并没有说我好，当然也没有说我不好。她只是记下了几次来我家的所闻所见。虽然她见到的，有时还有些差错，比如，我捡的黄豆，是别人家晾晒时遗落的，并非同院人家种植的。这也无关紧要，无伤大体。

客观地记下几次见闻，自己不下任何主观结论，叫读者从中形成自己的印象。这种写法，也可以说这种艺术手段，就必然比那种大惊小怪，急于赞美，并有意无意中显示点自己的什么写法，高出一等。

我读这种文章，内心是愉快的，也是明净的，就像观望清泉飞瀑一样。

《套袖》写得诚挚动人，一如《铁凝评传》中的评价："铁凝的叙述是客观的，再现了孙犁的质朴和直率；铁凝的叙述又是主观的，表现出两位作家的心心相印。他们应该是两代人，但相互的认同使他们成了忘年交。"① 尤其是孙犁读后写道："我读这种文章，内心是愉快的，也是明净的，就像观望清泉飞瀑一样。"这是相互有审美信任的人才有的喜悦，这是知音面对知音才有的赞赏。

事实上，铁凝也当得起这样的赞赏。不到三十岁，年轻作家已经开始了她的加速成长，在小说及散文创作方面都成就斐然，刚刚三十岁的她，已然成为中国当代文学星空中耀眼的星。面对这样一位硕果累累且又有无限创作可能的小说家，孙犁的自豪可想而知。1992 年，在写给徐光耀的信中，

---

① 贺绍俊：《铁凝评传》，郑州大学出版社，2005 年。

孙犁用"行云流水"来评价这位同行的文字："铁凝的文章，才真正是行云流水。我的'行云流水'远不如她。"也是在这一年，孙犁回信给铁凝，信中是他们交往中一以贯之的主题：如何写好小说，如何成为最优秀的小说家。《孙犁文集》（补订版）第九卷收录了我们今天所看到的，他写给铁凝的最后一封信，铁凝寄给他一个寿星，他表示甚为感激。落款于 1993 年 1 月 13 日。那封有着家常感的便笺中，依然是亲切如家人般的语言。

2002 年 10 月，《人民文学》第 11 期发表了铁凝的《怀念孙犁先生》。在这篇文字里，铁凝回忆了她与孙犁先生的相见，也令人印象深刻地提到了孙犁对她创作的深厚影响：

时至今日，我想说，徐光耀是我文学的启蒙老师。他在那个鄙弃文化的时代里对我的写作可能性的果断肯定和直接指导，使我敢于把写小说设计成自己的重要生活理想；而引我去探究文学的本质，去领悟小说审美层面的魅力，去琢磨语言在千锤百炼之后所呈现的润泽、力量和奇异神采的，是孙犁和他的小说。

…………

以我仅仅同孙犁先生见过四面的微薄感受，要理解这位大家是困难的。他一直淡泊名利，自寻寂寞，深居简出，粗茶淡饭，或者还给人以孤傲的印象。但在我的感觉里，或许他的孤傲与谦逊是并存的，如同他文章的清新秀丽与突然的冷峻睿智并存。倘若我们读过他为《孙犁文集》所写的前言，便会真切地知道他对自己有着多少不满。因此我更愿意揣测，在他"孤傲"的背后始终埋藏着一个大家真正的谦逊。

当然，在这篇文章里，她也写下了与孙犁的第四次见面，也是他们人生中的最后一次相见。

这时他已久病在床，住医院多年。我知道病弱的孙犁先生肯定不希望被频频打扰，但是去医院看望他的想法又是那么固执。感谢《天津日报》文艺部的宋曙光同志和孙犁的女儿孙晓玲女士，他们满足了我的要求，细心安排，并一同陪我去了医院。病床上的孙犁先生已是半昏迷状态，他的身材不再高大，他那双目光温厚、很少朝你直视的眼睛也几近失明。但是当我握住他微凉的瘦弱的手，孙晓玲告诉他"铁凝看您来了"，孙犁先生竟很快做出了反应。他紧握住我的手高声说："你好吧？我们很久没有见面了！"他那洪亮的声音与他的病体形成的巨大反差，让在场的人十分惊异。我想眼前这位老人是要倾尽心力才能发出这么洪亮的声音的，这真挚的问候让我这个晚辈又难过，又觉得担待不起。在四五分钟的时间里，我也大声说了一些问候的话，孙犁先生的嘴唇一直嚅动着，却没有人能知道他在说什么。在他身上，盖有一床蓝地儿、小红花的薄棉被，这不是医院的寝具，一定是家人为他缝制的吧，真的棉布里絮着真的棉花，仿佛孙犁先生仍然亲近着人间的烟火，也使呆板的病房变得温暖。

这是我最后一次见到孙犁先生。

这是令人记忆深刻的场景，虽然只有短短几分钟。这一次见面，离铁凝与孙犁第一次相见已经过去了二十二年——当年初出茅庐的年轻人，如今已是卓有成就的重要作家。孙犁的女儿孙晓玲后来回忆，孙犁先生在此之前已经昏迷不醒，也不愿意见人，所以，"为了让父亲精神上有个准备，下了电梯，我三步并作两步，抢先走近父亲床头，缓声告诉他：'爸爸，铁凝看您来了'"。但是，没有想到的是，"父亲看到铁凝，并一眼认

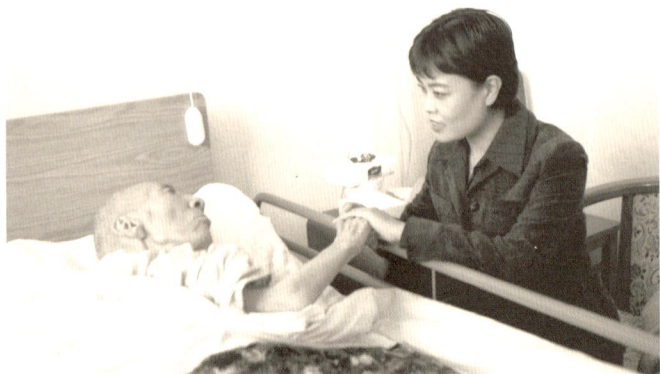

铁凝到天津探望病中的孙犁

出了她"①。

　　孙晓玲也记下了铁凝走出病房门之后的难过。"铁凝刚出了病房门，便停住了脚步。她把头微微仰起，屏住一口气，使劲儿张了张眼睛，因为只有这样才不会让盈满眼眶的泪水流出来。她的这个调整情绪的动作，给我留下深刻印象。"

　　与那位弯腰捡豆子的高大老人相比，病床上年迈衰老的孙犁先生让人伤感。

---

① 　孙晓玲：《布衣：我的父亲孙犁》，生活·读书·新知三联书店，2011年。

2011 年 7 月，在孙晓玲《布衣：我的父亲孙犁》首发式上，铁凝称孙犁是"人民作家"，她认为孙犁作为"人民作家"是当之无愧的，他情感深处从未对人民割舍过。晚年他深居简出，躲避的并不是人民和社会生活，或许更多的是一些无谓的应酬和争夺。

2012 年 11 月，河北省作协与安平县委、县政府联合举办了"孙犁文学奖"颁奖仪式，铁凝在贺信中表示，作为一名写作者，孙犁先生是一位有着长久艺术生命力的作家，他跨越不同历史阶段与读者亲切对话，对当代文学持续产生着影响。《荷花淀》隽永雅正，《风云初记》淡定沉静，《铁木前传》素朴蕴藉，这些作品是孙犁创作的里程碑，也是中国现当代文学宝贵的经典之作。

2013 年 5 月，在参加孙犁百年诞辰纪念会时，铁凝再次表达了她对孙犁先生的尊敬以及她对孙犁作品的理解。

我敬仰孙犁先生，还因为他以他的写作和生活，向我们示范了如何小心呵护真和善和美的种子，使之成为人生温暖的底色。终其一生，孙犁先生都深切怀念他所经历过的战争年代，怀念他生活过的那些村庄，怀念那些作为伙伴、战友和同志的战士和群众，这种感情滋养了作家的心灵，无论生活发生了怎样的变故，他都怀抱着胸中那一簇火焰。在我看来，温暖的力量、向善的力量、

铁凝在《布衣：我的父亲孙犁》首发式上作长篇发言

穿越了沉沦以后上升的力量是更难的、更不容易
的，需要更大的勇气，需要更高远的境界。孙犁
先生晚年的精神世界更为沉郁幽深，但是，我相
信，孙犁先生毕生都在昭示我们，文学应该有力
量去呼唤人类积极的情感和信念，在任何情况下
保持尊严与希望。

写作者与写作者之间最理想的文学关系，在于超越年龄、性别与种族的相知；在于跨越地域、流派、时间的理解。在孙犁逝世后，铁凝写下她对孙犁的认识时，也写下了她对于艺术传承关系的感悟。铁凝以优秀艺术家的历史意识认识到孙犁之于前人的传承关系，也认识到孙犁对于前人的借鉴与超越。

1982 年孙犁在多伦道寓所与家人合影

# 11

# 荷花沁文韵

我不知道在已故的文学师尊中，有哪一位在完成人生的旅程后，能再一次闻到童年的荷香，能最后一次享受到泥土亲吻和大自然的抚摸——而孙犁享受到了。

　　　　　　　　　　　　　——从维熙《荷香深处祭文魂》

孙犁在家中读书

　　很少有人将孙犁视为文学批评家，一方面大约由于他的小说成就卓著，另一方面也囿于一般人对功成名就的作家晚年从事评论工作的某种"偏见"。但孙犁是"这一个"。他的晚年并非瞩意花鸟草虫，1978—1995年，以书信、随笔形式谈论作家作品是孙犁晚年最重要的工作，这几乎构成了他的全部生活。

晚年孙犁留下的近百万字作品中，二分之一以上是评述作家作品及文学现象的，他鼓励和扶持的那些青年作家如铁凝、贾平凹、莫言等已经进入中国当代最优秀作家行列，这充分证明了他作为文学批评家的艺术判断力。

孙犁的批评文字大约分三部分。

第一部分是序文。孙犁不喜欢写序，但因朋友所托又不得不写。并非发自内心的写作通常令书写者感到不快，至少，并不完全心甘情愿。孙犁不愿意永远"不得不"地写作，他是从来都不愿被动书写的人。因此，在短暂的"写序"生涯之后，1982 年前后，他公开发表声明，不再为他人作序，也请作者不要再提此类请求。

第二部分批评文字见于与朋友的信件。多数情况下是朋友或文学青年主动写作求教。这些信件都已公开发表，它们或长或短，但皆出于严谨。将朋友间的通信发表，在孙犁晚年生活中是普遍现象。朋友间通信是私人行为，但发表在报章则又具公共特征，一些矛盾的东西发生在孙犁生活中。一方面，他性格内向，不主动与人交往；另一方面，他渴望交往，渴望与人谈论文学及小说。公开发表私人通信的行为，成为孙犁晚年生活意味深长的症候：他以一种既私密又公共的方式丰富自己的内心生活，也以这样的方式建构了自己与彼时文学现场之间若即若离的关系。

第三部分批评文字是孙犁对文学作品及文学现象的有感而发，其中包括多篇关于 20 世纪 80 年代现场文学的"读作品札记"，这在他的批评写作中最丰富，也最有光泽。

批评对象从《世说新语》《聊斋志异》《红楼梦》到鲁迅、萧红、汪曾祺，它们共同构成了孙犁的人道主义、现实主义写作美学谱系，而孙犁本人无疑也是此谱系中的重要成员，所以，在写到与他的审美追求有某种相似性的同时代作家赵树理、萧红、汪曾祺时，他的评说不免带有"自传"或"自况"意味。这也充分表明，晚年的批评实践之于孙犁的意义不再如一般职业评论家那样单纯，批评对于孙犁来说具有复杂性：通过批评写作，晚年孙犁将他对个人处境、对文学的理解全部投射到他引以为同道的作家那里。他的批评文字，既反射他人，也反射自己。通过一种自我反射式写作，孙犁展示了他热情、敏锐、严谨而独特的批评家形象。

虽然不是喜欢主动与人交往的人，但看到真心喜爱的作品，孙犁会毫不掩饰地表达他的喜爱。看到一部优秀作品，他会发自内心地向他人推荐，倾心赞美，毫不掩饰热忱，哪怕对方是晚辈、青年、后学。孙犁有一颗赤诚的惜才之心，他真心喜爱那些处于黄金创作年龄的青年人，对于汪曾祺、张贤亮、贾大山，对于当时名不见经传的铁凝、贾平凹、莫言，他都曾主动发表过对他们的赞扬。他将那些正在闪现迷人微光的作家作品视为珍宝。在孙犁诸多批评文字中弥漫着一种令人感喟的真诚，他的内心完全是赤诚无私的。在十多年的批评工作中，他的赞扬不仅从精神上鼓励了这些年轻人，甚至也改变了他们的文学命运。

正如前面所说，孙犁是最早为铁凝、贾平凹、莫言写下评论文字的批评家，他依凭他的艺术直觉，成了这些优秀作家的最原初发现者，也成了 20 世纪 80 年代文学现场最当之无愧的"披沙捡金者"。三十多年前，当孙犁给予这些名不见经传的文学青年以赞扬，"前无古人"地断言一位写作者未来将成为优秀作家时，他需要拿出他的热情、胆识和精准的判断力，也需要"冒险"。近三十年中国文学的发展无疑证明了他当年"冒险"的意义。

除去以上三位，刘绍棠、从维熙、贾大山、李贯通、韩映山等人的成长历程中，都接受过孙犁的鼓励和支持。在对青年人的夸奖中，他常说，"你比我写得好""我是低栏"——孙犁内心中当然有作为作家的自我，但他却谦虚地视自己为"低栏""台阶"，乐见青年人超越。一方面因为他视他们为"同道中人"，另一方面，作为嗜古籍者，孙犁深晓文化传承的意义，他期盼更为年轻的一代能将中国文学的优秀传统传承下去。

孙犁视那些处于黄金创作年龄的青年人为同道，反过来，他也被青年人视为最值得骄傲的知音。这位知音，不同寻常：他的作品是这些年轻人初进文坛的必读书目；他的创作风格是他们写作起步时的范本。而最为难得的是，那些年轻人后来不仅成为优秀作家，也果真成了他的知音。一如铁凝与贾平凹都曾经写下让他颇为感激的知音文字，孙犁离世后从维熙在《孙犁的背影》一文中的缅怀也令人难忘，他回忆了与莫言的谈话，莫言认为，中国只有一个孙犁。他既是位大儒，又是一位大隐，他后半生偏偏远离官场，恪守文人的清高与清贫。这是文坛上的一声绝响，让我们后来人高山仰止。毫无疑问，孙犁以惺惺相惜的文学批评最终寻找到了诸多优秀的同路人和后来者，他们懂得他，了解他——因为这样的懂得，作家与批评家之间互为知音的关系获得了有效的传承；因为这样的理解，那些中国文学优秀传统才得以薪火相传、代代相继。

孙犁逝世于 2002 年 7 月 11 日凌晨，享年八十九岁。在《孙犁十四章》中，滕云记录了孙犁追悼会的情景：

这第一个祭日，于 7 月 15 日上午 10 时，在天津北仓殡仪馆仙逸厅举行。当天拂晓百里开外的白洋淀，乡亲父老驾船，奔赴因孙犁的小说而得名的荷花淀。《荷花淀》发表于 1945 年，乡亲们尽心尽意，精选了四十五朵最清新最纯洁的红荷，采摘了最圆润最无瑕的翠叶，装上汽车，向天津疾驰，为冀中人民的儿子送行。车到时，荷花荷叶上，白淀的露水未干，乡亲们又浇洒上带来的淀水。肃穆的灵堂立时清气馥馥，一派荷香氤氲。灵床周围，乡亲父老心泪化作清露的红荷簇拥，滚动着白洋淀水珠的翠碧荷叶交叠环布，含苞菡萏亭亭，满籽莲蓬青青，装点出万亩荷塘风景。孙犁静卧的灵床，就像浮在水天的一支灵槎。

从维熙在《荷香深处祭文魂》一文中也记下了当时的场景：

2002 年 7 月 15 日上午 10 时，在莫扎特的哀乐《安魂曲》中，我弯腰鞠躬，向一代文学大师的遗体告别。此时此刻，孙犁正躺在故乡安新百姓采摘来的荷花丛中——他年轻时从这片花香中走来，此时他又向荷花丛中安然走去，是完成他生命恬静而美丽的旅程之后，向天宇自然的回归。

我不知道在已故的文学师尊中，有哪

一位在完成人生的旅程后，能再一次闻到童年的荷香，能最后一次享受到泥土亲吻和大自然的抚摸——而孙犁享受到了。这些带着晨露绽开的红荷，是家乡父老在今日黎明时分，从荷塘里采摘下来，马不停蹄地运送到天津北郊这个灵堂里来的；其情之真，其意之切，反衬出孙犁人文品格，在庶民百姓心中沉甸甸的分量。这些来自乡土对孙犁的情思，不仅是对作家驾鹤西归的最高礼仪，还意味着对孙犁文学的认同和肯定，更是对孙犁人品与文品崇高敬意的最好表达。因而，那些来自白洋淀的乡亲，在灵堂内默默无言地摆放荷花时，我已然无法控制内心的悲怆，一滴滴泪水，滴落在那清纯的荷花花瓣上……

1982 年，孙犁在给贾平凹散文写的序言中提道："人之一生，或是作家一生，要能经受得清苦和寂寞，经受得污蔑和凌辱。要之，在这条道路上，冷也能安得，热也能处得，风里也来得，雨里也去得。在历史上，到头来退却的，

荷風荷雨荷花淀

文伯文豪文曲星

孙犁同志千古

香遠益清一片净土荷花淀

文华绝代千载不朽民族魂

篝中布衣一身正气无媚骨

文坛泰斗八卷诗书媚异香

宏著永垂青史

高风誉满九州

方纪文、王学仲、杨栋、陈乔所书挽联（自右至左）

或者说是销声敛迹的，常常不是坚定的战士，而是那些跳梁的小丑。"这当然是对贾平凹创作道路的预言及美好祝愿，也是对孙犁本人一生的最好总结。"经受得""安得""处得""来得""去得"，这是被动的词语，但其中也有写作者强大的自我，那些被动的、坚韧的抵抗。

贾平凹在孙犁去世之后评价说："孙犁是一面古镜，越打磨越亮。"想来，这面古镜是范本。面对这面古镜，我们不仅能看到什么样的好文字会被人广泛阅读，也可以看到什么样的作家逝世后依然受人尊重，可以理解什么样的读书人才是真正的读书人。

为什么这一面"古镜"越磨越亮？当然是因为它本身的青铜质地，更因为它在漫长岁月里对外界侵蚀的自我抵抗、自我反省、自我教养。

# 12

## 像古镜
## 越磨越亮

人之一生，或是作家一生，要能经受得清苦和寂寞，经受得污蔑和凌辱。要之，在这条道路上，冷也能安得，热也能处得，风里也来得，雨里也去得。在历史上，到头来退却的，或者说是销声敛迹的，常常不是坚定的战士，而是那些跳梁的小丑。

——孙犁《贾平凹散文集序》

时光会在每个人身上留下痕迹，这真是没法子的事情。没有人可以抵挡时光的侵害。斑点、皱纹、苍老，总会如期而至。我们经历过的那些痛苦、忧伤、不安、纠结、挣扎，会全部刻印在我们的身体和脸上。脸最终成为我们内心的拓印。尤其四十岁之后，时光会把幸福与不幸、惊惶与安宁、平静与挣扎，都刻印在我们面庞上。你看，一些人的脸早已被岁月摧毁得面目全非，而另一些人，则面容平静、棱角分明。孙犁的面容属于后者。他文集的每一张照片都有平静、素朴、诚挚之气，即使是到八十岁。我喜欢孙犁年轻时那张革命青年的照片，羞涩诚恳、朝气蓬勃，那时候，这位青年响应时代的召唤投入抗日的大潮中去；但我更喜欢他在书桌前面对窗外沉思的那张照片。与前者相比，后者场景日常而普通，可是，在那平静的面容之下，却埋藏着一颗永远致力于自我完善、自我打磨的心灵。

孙犁曾经是时代的宠儿，是风口浪尖上的人。他的文字记录着一个民族战争年代的

1946 年孙犁在河北蠡县县委门口留影

日常风景。在《游击区生活一星期》中，孙
犁写道："太阳照着前面一片盛开的鲜红的桃
树林，四周围是没有边际的轻轻波动着就要
挺出穗头的麦苗地。"但是，他看到了炮楼，
像"阔气的和尚坟"，"再看看周围的景色，

心里想这算是个什么点缀哩！这是和自己心爱的美丽的孩子，突然在三岁的时候，生了一次天花一样，叫人一看见就难过的事"。这是躲避不了的丑恶，是人身上可怕的疮疤。

在战争年代，人们渴望和平和日常。对于大部分人来说，和平是什么？不过是日常劳动罢了，"在一片烧毁了的典当铺的广场上，围坐着十几个女孩子，她们坐在席上，垫着一小块棉褥。她们晒着太阳，编着歌儿唱着。她们只十二三岁……集体劳动才有乐趣，才有效率，女孩子们纺线愿意在一起，织席也愿意在一起"（《织席记》）。而幸福生活，则是一个人可以自由地在大自然里畅快地呼吸。"在洞里闷了几天，我看见旷野像看见了亲人似的，我愿意在松软的土地上多来回跑几趟，我愿意对着油绿的禾苗多呼吸几下，我愿意多看几眼正在飘飘飞落的雪白的李花。"（《游击区生活一星期》）华北平原的小野花、油绿的禾苗、雪白的李花，都美。孙犁写的是华北平原里最常见的美，因为他的讲述，普通得再不能普通的世界变成了美。

从他的文字里，你可以看到祖国的大好河山，但河山却不是将军指挥棒下的沙盘，河山是由人和风景构成，在他那里，一切都是活生生的，真切的花、真切的天、真切的人，最真切的土地和家园。

在作品追求粗犷、豪放的时代里，孙犁小说写得雅致、细腻和干净。建构一种日常生活的美，捍卫人世间最朴素的美，是孙犁小说早期致力建设的世界。但热爱中有愤怒——他对日常生活有多热爱，便对战争有多厌恶。对和平安宁的、美的生活的永远向往，是孙犁小说超越时代的特质，有别于当时的抗日战争小说。他关注人、人心和人的情感。我们在孙犁的文学世界里，感受到人与人之间的纯粹情感，人的生命的美好，他由此让我们重新认识我们的日常生活。他擅长用最普通的场景抓住我们。人们说着最日常的话语，战火就在家门口，这有可能是最后的别离。《荷花淀》使战士们在最紧张的时候闻到了荷花香气，但更重要的是，小说使读者、使当时的战士们了解因何而走上战场，又为何而活着。说到底，《荷花淀》《铁木前传》之所以好，在于它对人、对生活、对世界的理解最为质朴、直接，也最打动人心。

孙犁晚年最喜欢说两个远离。一个是远离文坛，另一个是远离政治。但此"远离"非彼远离。所谓远离文坛，远离的是那些人事纠葛，是那些小团体主义、圈子化，是那种团体趣味以及潮流。他远离当时那种端架子、理论腔，从未使用过当时流行的那些概念、字眼。在这位作家那里，好的作品，首先是文学，并不因为它反映了哪种社会问题就要去肯定它。艺术性是孙犁判断作品的内在标准。这便也是远离政治的意思了。当然，孙犁所说的远离，还有一层指的是写作者的不投机——不投时代之机。孙犁晚年在给铁凝、贾平凹等人的信中，不断强调真诚和赤子之心。为什么他那么激愤？因为看到当时那么多投机之作大行，他极为不屑。

读书、写字、思考，这个有着很高社会地位的人选择清贫、节俭的生活方式，不谈小说影视改编，不上电视，几乎不出席会议。后来他甚至也不再为他人写序，评论他人的文字也越来越少，因为他愿意说真话，不想虚与委蛇。他的自序里有对自我的苛责和不满，他的文字由清新变成沉郁。

看什么样的书，写什么样的字，成为什么样的人，这是一位知识分子生命中最重要的事。这个世界上，很多人是双面人。他们读的书和他们写的字是不一样的，他们写的字和他们做的事不一样。而孙犁不，他的阅读、写作、为人合而为一。他不分裂自己，他不使所写所说和所做割裂开来。

为什么这个人对自我的要求如此严苛？为什么这个老人在 1989 年，大病初愈时以近八旬之躯要重读《史记》，写下万字感言？因为他对自我有要求。那种要求甚至到了令人不

孙犁八十寿辰留影

能理解的地步。用实用主义的标准衡量他，会让人产生很多困惑。许多东西在他那里都是无用的，但正是这种无用成全了他。书籍于一个人有什么用？你能问水和空气有什么用吗？书是读书人对生命的滋养，就像我们需要水和空气那样。读书、写字在孙犁那里是生活本身，他终生都在自我完善。他每每想到年轻时致力建设的革命事业，生活便更加节俭与克制。没有能力改变这个世界和时代，他选择使自我成为自我。

孙犁不是远离时代的人。新时期的孙犁写下那么多读书笔记，为一代新作家的出现而欢欣鼓舞，这些作家既包括铁凝、贾平凹、莫言、从维熙，也包括张贤亮、贾大山、韩映山。文人与政治、文人与刀笔吏、文人与祖国命运、文人与人道主义立场……这些一直都是他读书笔记的关键词。当然，这位老人最终还是"水土不服"，因一场笔墨官司，他给自己最后那本书取名《曲终集》。许多人因他主动搁笔而感到不满和惋惜——人们只看到"曲终人不见"，但没有看到前面那句"江上数峰青"。人们只看到他的不写，但没有看到他搁笔里自有刻骨的骄傲和倔强，那是一种自我成全。

孙犁和他的时代的关系是卓有意味、能给后人以重要启发的话题。作为身处风口浪尖的人，去与不去，说与不说，表态与不表态，他都在选择。在时代面前我们是完全被动的吗？不是，每一分每一秒我们都有机会自我建设，再被动的选择中，也有微弱的个人"主动"，抵抗或屈就。孙犁柔弱的背后、沉默的背后是做人的本分，是挺拔，也是自在。

HOW TO READ TIANJIN

GREAT TALENTS

# 后记

　　一座城市的文化名人、历史遗迹、自然风物，是城市生命的一部分。

　　天津拥有600多年的建城史，既有辉煌的历史，又有广阔的发展前景，是一座古老又年轻的城市。百年中国看天津，近代天津人才辈出、群星璀璨，对天津乃至中国影响深远。

　　"阅读天津·群星"汇集了十册天津历史上的前辈大师的传记——严复、梁启超、张伯苓、李叔同、周叔弢、杨石先、曹禺、陈省身、孙犁、马三立，他们在思想、教育、艺术、实业、科技、文学等不同领域，反映了天津城市精神的高度和深度。

　　当梁启超在饮冰室伏案疾书，笔毫轻柔，却策动轰轰烈烈的护国运动；当张伯苓在南开大学始业式上提出"爱国三问"，话语平实，却激荡全国学子自强图存的爱国情怀；当陈省身坐在轮椅上为本科生讲授微积分，满头银发，却思维敏锐地点拨着中国数学的未来人才；当马三立上台三两句话就引得众人捧腹大笑，轻声细语，却道出老百姓的喜怒哀乐和生活精髓……

　　"阅读天津"系列丛书的策划、创作、出版过程，凝结着众多关心热爱天津这座城市的人的心血。此前发布的"津渡"一辑以海河为切入点，让读者犹如乘舟顺水而下，遍览一部流动的城市史诗。"群星"一辑则是为十位大先生立传，也是为这座城市立传。他们在各自领域成就斐然，是天津精神的集中体现。讲述大先生的生活经历和思想轨迹，也是在讲述大先生之于当代人的意义——高山仰止，景行行止！

　　编辑出版"群星"的过程是我们对中华优秀传统文化进行通俗化阐释的一次尝试，旨在进一步突出天津这座城市鲜明独特的文化内涵，让更多的朋友再次发现天津的城市魅力，通过阅读天津，进一步认识天津、热爱天津。为了延续"津渡"一辑的热度，高质量出版"群星"小辑，我们约请了多位颇具创作实力的撰写者参与创作：赵白生、徐凤文、岳南、康蝌、于霁丹、韩石山、杨一丹、李扬、张国、张莉、马六甲。这些创作者中既有长期从事相关研究的学者，也有文采卓然的专业作家，还有传主的家属。各位作者从不同角度对十位大先生的人生经历进行了深入浅出的解读，通过对人物的挖掘，彰显了近现代天津独具风韵的人文精神。

最后，感谢中共天津市委宣传部为本书出版进行的谋划指导，帮助鼓励我们打造文化品牌，出版津版好书；感谢罗澍伟、谭汝为等专家学者为我们提供学术支持，修正内容细节；感谢"群星"的作者、设计师、摄影师以及每一位为本书出版付出努力的人。当然，最应该感谢的是我们的读者，正因有这些天津故事的阅读者、传播者，才有了天津文化的不竭源流。期待能够以书籍为桥梁，与广大读者一起领略"群星"闪耀的天津风采，共同见证这座古老而又年轻的城市在新的历史坐标上绽放光华。

"阅读天津"系列口袋书出版项目组

2023年11月